Andalusien

Helmuth Weiss

Der Autor:

Helmuth Weiss,
Jahrgang 1953, Studienabschluss als Diplompsychologe. Seit 1985 als Autor und Lektor für verschiedene Verlage tätig. Er ist unter anderem Autor von MERIAN *live!* Chalkidiki und MERIAN *live!* Kos. Seit vielen Jahren zieht es ihn immer wieder in den Süden Spaniens.

INHALT

Stilvoll restauriert: Hotel Parador de Ronda

Kulinarischer Genuss: Ribera del Marisco

Beeindruckender Blick: die Alhambra vom Albaicín aus.

Kult oder Kunst? Der Stierkampf

Karten und Pläne

Die Buchstaben-Zahlen-Kombinationen im Text verweisen auf die Planquadrate der Karten. Die Planquadrate der Inseln beziehen sich auf die MERIAN-map.

THEMA

Oberhalb des Ortes Vélez Blanco: Renaissanceburg Castillo de los Fajardos

Bedeutenden Persönlichkeiten gewidmet: Sherryfässer der Bodega Gonzáles Byass

Willkommen in Andalusien

Wilde urwüchsige Landschaften, an Felsen gelehnte Dörfer – wie Casares –, das intensive Licht – all dies macht das einzigartige Lebensgefühl Andalusiens.

Sinnlich und heißblütig gibt die Andalusierin ihrem Wesen im Flamenco Ausdruck; mit Charme und unvergleichlicher Verführungskunst kommt der leidenschaftliche Andalusier bei fast allen Frauen zum Ziel. Unser Bild von Andalusien und seinen Menschen ist von »Vor-Urteilen« geprägt, die sich auf verklärende Darstellungen in Musik und Literatur stützen. Der französische Schriftsteller Mérimée ist Schöpfer der Geschichte von Carmen, einer Arbeiterin in einer Sevillaner Zigarettenfabrik, die als stoffliche Vorlage für Bizets Oper und den meisterhaften Tanzfilm von Carlos Saura diente. Bis ins Mittelalter zurückzuverfolgen ist der Urtyp des in Sevilla lebenden Frauenhelden Don Juan, den Molière, Goldoni, Lenau, Mozart, Strauss und viele andere zum Protagonisten ihrer Werke erhoben.

Tirso de Molina bearbeitete in »Don Juan, der Verführer von Sevilla und der steinerne Gast« (1630) den Don-Juan-Stoff erstmals dramatisch.

Zwischen Klischee und Wirklichkeit

Dass Tourismusindustrie und Medien dieses Bild von Andalusien und seinen Menschen mit Flamencoshows und Stierkampf gerne bedienen, versteht sich von selbst. Wie so oft gibt es aber auch Berührungspunkte zwischen Realität und Klischee. Zwar sind die Flügel des selbstbewussten Don Juan im Andalusien der Gegenwart längst gestutzt, doch noch immer fallen nicht wenige Herren der Schöpfung durch ihr

Noch holen die Fischer erkleckliche Beute aus dem Meer, doch ist ihre Existenz bedroht: Durch Überfischung sind die Fischbestände drastisch gesunken.

Macho-Gehabe in der Öffentlichkeit auf. Das ist durchaus vereinbar mit einer Betonung familiären Zusammenhalts, wie wir ihn in unserer Gesellschaft kaum noch kennen. Außerhalb des Berufslebens hängen fast alle Aktivitäten mit der Familie zusammen.

Familie und Dorfgesellschaft sind wichtige Pfeiler andalusischen Lebens.

Zur Wirklichkeit andalusischen Lebens gehört auch ein spezifisches Verhältnis zu Lautstärke und Lärm, nicht immer zur Freude ruhesuchender Touristen. Kommunikation wird groß geschrieben im Süden Spaniens, lautstark wird auch in der Öffentlichkeit bis spät in die Nacht gestenreich diskutiert und palavert, ob über Familie, Sport oder Politik, was dem Außenstehenden bisweilen den Eindruck vermittelt, Zeuge einer höchst emotionalen Situation zu sein. Doch bald gewöhnt man sich an diesen Gestus des Theatralischen als ganz normale Umgangsform. Die Lautstärke setzt sich in vielen Lokalen fort, wo der eingeschaltete Fernseher beständig eine oftmals von keinem beachtete Hintergrundkulisse bildet.

Einblick in die Mentalität der Andalusier bekommt man am besten bei einem ihrer zahlreichen Feste. Hier wird man gewahr, wie tief Tanz und Gesang in der andalusischen Seele verwurzelt sind, wie ansteckend ausgelassen und fröhlich die Menschen hier sein können, wie wenig sie aufgesetztes Spektakel benötigen.

Menschen und Alltag

Die Struktur der Familie hat in Andalusien wie in ganz Spanien radikale Veränderungen erfahren. Die ländlich bäuerliche Großfamilie ist der Kleinfamilie gewichen, die mittlerweile fast alle modernen Industrienationen kennzeichnet. Besonders auffällig war dabei die rasante Entwicklung der Geburtenrate in den vergangenen drei Jahrzehnten. Zählte eine Familie 1970 im Durchschnitt noch drei Kinder, so liegt heute die Zahl zwischen einem und zwei Kindern pro Familie – mit abnehmender Tendenz. In keinem anderen Land Europas war in solch kurzem Zeitraum ein derartiger Rückgang der Geburtenzahlen zu verzeichnen. Fast scheint es, als wolle man in Spanien die Entwicklung zur modernen Industriegesellschaft im Laufschritt nachholen. Vor allem die Frauen sind daran erheblich beteiligt. Sie nehmen verstärkt teil an allen Segmenten der schulischen und beruflichen Ausbildung und dringen mit Macht in die Arbeitswelt vor. Dies hat einen erheblichen Bruch mit traditionellen Werten und dem klassischen Verständnis der Geschlechter zur Folge.

Frauen dringen zunehmend in alle Bereiche des Berufslebens vor, wodurch auch das Familienleben starken Veränderungen unterworfen ist.

Neue Lebensformen haben es in der Anonymität der großen Städte wie Granada, Córdoba oder Sevilla allerdings weitaus leichter als in den kleinen andalusischen Dörfern, wo der soziale Druck der familiären Gemeinschaft Veränderungen weitaus langsamer heranreifen lässt. Die Entwicklung der Scheidungen ist ein Beispiel für den Wandel in der spanischen Gesellschaft. Erst seit 1981 ist im stark von der katholischen Kirche geprägten Spanien eine Scheidung möglich, kein Wunder also, dass die Rate nur ein Drittel derjenigen der europäischen Nachbarstaaten ausmacht. Andererseits haben sich die Scheidungszahlen innerhalb weniger Jahre verdoppelt, ein Trend, der weiter anhält. Wie stark dennoch traditionelle Familienwerte vorherrschen, macht eine weitere Statistik deutlich: Während in unseren Nachbarstaaten Norwegen und Schweden der Anteil der außerhalb einer Ehe geborenen Kinder bereits 50 Prozent beträgt, liegt diese Zahl in Spanien bei nur fünf Prozent, in den ländlichen Gegenden Andalusiens sogar weitaus darunter. Das Gleiche gilt für die Anzahl der Single-Haushalte, deren Zahl mit zehn Prozent weit unter europäischen Durchschnittswerten liegt.

Schmelztiegel der Kulturen

Von Jahr zu Jahr stärker zeigt sich das Interesse der Besucher Andalusiens an seinen kulturellen Schätzen. Dabei steht das maurische Erbe des Landes zu Recht an erster Stelle. Fast 800 Jahre existierte das islamische Andalusien, Al-Andalus, als Brückenkopf eines immensen künstlerischen, kulturellen und wissenschaftlichen Reichtums des Orients auf dem Gebiet des Abendlandes. Erst seit kurzem wurde – nicht zuletzt von wissenschaftlicher Seite – herausgearbeitet, welch großen Einfluss Andalusien als Verbindungsstelle und Begegnungsort verschiedener Kulturen im Mittelmeerraum besaß. Im Mittelalter war Andalusien ein Ort des Zusammenlebens von Juden und Christen, Arabern und Berbern, hier wurden nicht nur Erfahrungen und Wissen ausgetauscht, hier entwickelte sich auch eine eigenständige, neue Kultur auf europäischem Boden, die spanisch-maurische, geboren aus der Verbindung von orientalischen und iberischen Traditionen. Über die maurische Kultur erlangte die »dunkle« mittelalterliche Welt Westeuropas bislang unbekannte Erkennt-

Noch zu Zeiten Francos wurde Spanien dem Tourismus geöffnet. Damals setzte man vor allem auf die Badeurlauber, heute haben die Tourismusmanager auch die Kulturreisenden im Visier.

Dem 1135 geborenen Arzt und Philosophen Maimónides hat seine Heimatstadt Córdoba ein Denkmal gesetzt.

Maurische Städteplanung ist noch in vielen Orten Andalusiens erkennbar.

nisse – man denke nur an die hoch entwickelte Medizin, Mathematik und Sternenkunde des Orients, die dem mittelalterlichen Wissen Zentraleuropas in vielen Fällen weit überlegen waren. Auch auf dem Gebiet der Baukunst hielten neue Elemente Einzug, die Übernahme des Spitzbogens aus dem Orient in die maurische Kunst muss wohl als der Ausgangspunkt des späteren Spitzbogens in der gotischen Kunst gelten. Bis heute blieben einige der architektonischen Meisterleistungen des islamischen Andalusien erhalten: am faszinierendsten in weltberühmten Baudenkmälern wie der Alhambra von Granada, wo maurische Kunsttradition und verfeinerter Geschmack am besten zum Ausdruck kommen, oder in der unvergleichlich schönen Moschee von Córdoba.

Über die Faszination des Orients sollen die weiteren kulturellen Traditionen Andalusiens nicht vergessen werden. Nicht nur Spuren steinzeitlicher Zivilisationen sowie Reste aus der römischen Epoche sind zahlreich vorhanden, sondern vor allem auch die Zeugen des christlichen Spanien, deren steinerne Bauwerke auf Macht und Bedeutung der Kirche in den vergangenen Jahrhunderten verweisen. Mit der Kathedrale von Sevilla, einem der größten christlichen Gotteshäuser und von der UNESCO zum Weltkulturerbe erklärt, begegnet man ohne Zweifel dem herausragenden Monument der vom Christentum geprägten Zeit.

Urlaub für jeden Geschmack

Bild Seite 13: Barfüßig betritt eine Kapuzenmann während der Karwoche die Mezquita in Córdoba. Da jede öffentliche Züchtigung seit dem 14. Jahrhundert verboten ist, verhüllen sich die Büßer mit spitzen Mützen.

Das Gros der Besucher hat in Andalusien ein Ziel: die Buchten und Strände der Mittelmeerküste. Insgesamt sind die Küsten Andalusiens mehr als 800 Kilometer lang. Wo es jedoch die meisten Touristen hinzieht, das zeigt ein Blick auf das Hotelangebot: Drei Viertel der gesamten Übernachtungskapazitäten konzentrieren sich auf die Costa del Sol. So manchem Besucher bleibt da verborgen, dass Andalusien weit mehr zu bieten hat als Sonne und Strand.

Vor allem jenseits der heißesten Monate Juli und August steht eine breite Angebotspalette für Aktivtouristen zur Verfügung. Andalusien besitzt den höchsten Anteil an unter Naturschutz stehenden Flächen Spaniens: Insgesamt 18 Prozent des Landes werden geschützt; darunter fallen hohe Gipfelregio-

nen ebenso wie wüstenartige Gebiete. In den ausgewiesenen Naturparks wie in der Sierra de Grazalema oder der Sierra de Cazorla, Segura y Las Villas laden naturwüchsige Bergregionen zum Wandern ein. Viele Dörfer dieser Regionen haben sich mittlerweile auf Wanderer eingestellt. Restaurants und nette Unterkünfte – darunter sehr schön gelegene Campingplätze – stehen zur Verfügung, und die besten Informationen über Wanderstrecken erhält man vor Ort. Ein gut ausgeschildertes Wegenetz, wie man es von den typischen Wanderregionen der Schweiz oder Österreichs kennt, sollte man allerdings nicht erwarten. In vielen Fällen ist Orientierungssinn dringend vonnöten. Auch die Mountainbiker haben die Bergwelt Andalusiens mittlerweile erobert und fahren auf alten Bergpfaden von Dorf zu Dorf. In mehreren Orten werden geführte Touren angeboten, auch der Fahrradverleih ist im Kommen. Wer dem Drahtesel das Pferd vorzieht, wird in Andalusien ebenfalls gut bedient. Neben langen Strandausritten stellen Ausflüge in die einsame Bergwelt einen Hochgenuss dar.

Wie die Absage der alpinen Skiweltmeisterschaften 1995 gezeigt hat, gibt es auch in der Sierra Nevada keine Schneegarantie.

Skifahrer treffen sich in den Sierras von Grazalema, Ronda und Cazorla oder in der Sierra Nevada, wo zwischen Dezember und April mehr als 40 Pisten und 20 Liftanlagen die weiße Pracht genießen lassen.

Während Windsurfer auf das Revier bei Tarifa schwören, kommen Taucher in der Gegend von Almería, am Cabo de Gata, voll auf ihre Kosten. Dass man auch von der Wasseroberfläche einen schönen Blick auf die abwechslungsreiche Küste genießt, wissen Segler aus ganz Europa. In rund 40 Sporthäfen können sie ihren Turn unterbrechen und für den Landgang anlegen.

Beste Bedingungen auch für Golfer: Mehr als 60 Golfclubs haben sich vor allem an der Küste schöne Rasenflächen geschaffen, über die Hälfte davon liegt an der Costa del Sol.

Wer Urlaub mit organisierter kultureller Weiterbildung verknüpfen möchte, hat ebenfalls eine große Auswahl. Die Palette reicht von Spanischkursen – z. B. in Granada oder Conil – über Flamenco- bis hin zu Gitarrenunterricht.

Landesfläche und Bevölkerungsverteilung

Wer vorhat, Andalusien in wenigen Wochen zu erkunden, wird rasch die Unmöglichkeit seines Unterfangens erkennen. Ein Blick auf die Fläche des Landes macht dies deutlich. 87 000 Quadratkilometer umfasst diese Provinz, die damit die größte der spanischen Autonomen Regionen darstellt. Zum Vergleich: Das benachbarte Portugal ist kaum größer, und Länder wie Belgien, Dänemark, Österreich und die Schweiz sind von der Fläche her kleiner als Andalusien. Mehr als sieben Millionen Menschen leben hier im Süden Spaniens, verteilt auf acht Provinzen: Almería, Cádiz, Córdoba, Granada, Huelva, Jaén, Málaga und Sevilla. Mit durchschnittlich rund 80 Einwohnern pro Quadratkilometer ist das Land relativ dünn besiedelt. Die Bevölkerung konzentriert sich an den Küsten, wo der boomende Tourismussektor eine Vielzahl von Arbeitsplätzen geschaffen hat, und in den Städten. Mit mehr als 700 000 Einwohner ist Sevilla die bevölkerungsreichste Stadt Andalusien, gefolgt von Málaga, das rund 540 000 Bewohner zählt, und Córdoba, in dem rund 310 000

Einsame, weite Strände sind an der Mittelmeerküste eine Rarität, am rauen Atlantik – wie hier bei Conil de la Frontera – aber noch zu finden.

Menschen leben. Über zwei Drittel der Andalusier wohnen in Ortschaften mit mehr als 10 000 Einwohnern. Diese Zahlen mögen verwundern, gilt Andalusien doch bis heute vor allem als Agrarland. Die landwirtschaftlich nutzbaren Flächen sind jedoch in der Hand von wenigen Großgrundbesitzern, und noch immer arbeiten viele Andalusier als Tagelöhner auf den Feldern, ohne eigenen Besitz oder geregeltes Einkommen. Ein »mit seiner Scholle verbundener« Bauernstand, wie wir ihn von Deutschland oder Österreich kennen, konnte sich hier nie entwickeln.

Landschaftliche Gliederung

Andalusien lässt sich grob in vier unterschiedliche Landschaften unterteilen. Der Guadalquivir, Großer Fluss, wie ihn die Araber nannten, ist dabei so etwas wie das Rückgrat und die Lebensader Andalusiens. Von seiner Quelle in der Sierra de Cazorla bis zu seinem breiten Mündungsfächer bei Sanlúcar de Barrameda legt er 670 Kilometer zurück.

Nördlich des Guadalquivir erhebt sich die Sierra Morena, eine wenig besiedelte Bergwelt und nur zum Teil landwirtschaftlich nutzbar. Weideflächen und Eichen bestimmen das Bild dieses sich in unterschiedliche Abschnitte gliedernden Gebirgszuges, der 1300 Meter kaum übersteigt. Südlich des Guadalquivir erstreckt sich von Gibraltar bis nach Valencia im Nordosten die Betische Kordillere. Sie bestimmt zusammen mit weiteren Gebirgszügen wie der Sierra de Cazorla im Nordosten und der Sierra de Ronda im Südwesten den Großteil der Fläche Andalusiens. Damit liegt ein Drittel Andalusiens in Höhen von über 600 Metern, knapp 50 Gipfel steigen auf rund 1000 Meter. Die höchsten Berge findet man in der meist schneebedeckten Sierra Nevada mit dem Mulhacén (3478 m) und dem Pico de Veleta (3392 m). Als vierter Naturraum schiebt sich der Küstenstreifen zwischen Berge und Meer. Im östlichen Teil, am Mittelmeer, wird der schmale Landstrich häufig von bis ans Meer reichenden Felsen gegliedert, während die atlantische Küste durch weite Ebenen mit Sandstränden und Dünen gekennzeichnet ist.

Die Sierra Morena, das »schwarzbraune Gebirge«, bildet den niederschlagsreichen Südrand der innerspanischen Hochfläche.

THEMA: Literatur

Literatur zu Andalusien

Alberti, Rafael: Der verlorene Hain, Frankfurt (Suhrkamp), 1990. Ein Roman über Kindheit und Jugend des Autors in der Bucht von Cádiz.

Barrucand, Marianne, Bednorz, Achim: Maurische Architektur in Andalusien, Köln (B. Taschen Verlag), 1992

Brenan, Gerald: Südlich von Granada, Kassel (Jenior und Pressler), 1996. Erfahrungen in einem andalusischen Bergdorf zwischen 1920 und 1934.

Gautier, Théophile: Reise in Andalusien, München (dtv), 1994. Reiseerfahrungen des berühmten französischen Romantikers.

Gibson, Ian: Federico García Lorca. Eine Biographie, Frankfurt (Suhrkamp), 1999

Goytisolo, Juan: Spanien und die Spanier, Frankfurt (Suhrkamp), 1982. Ein »Klassiker« über Land und Leute.

Hertel, Dieter, Untermann, Jürgen: Andalusien zwischen Vorgeschichte und Mittelalter, Köln (Bohlau), 1992

Lemm, R: Die spanische Inquisition (dtv)

Lorca, Federico García: Bernarda Albas Haus. Tragödie von den Frauen in den Dörfern Spaniens, Frankfurt (Suhrkamp), 1999

Lorca, Federico García: Bluthochzeit. Tragödie in drei Akten und sieben Bildern, Frankfurt (Suhrkamp), 1999

Hemingway, Ernest: Tod am Nachmittag, Reinbek bei Hamburg (Rowohlt), 1999

Hilgard, Peter: Der maurische Traum, Kassel (Jenior und Pressler), 1997. Sachbuch

Irving, Washington: Erzählungen von der Alhambra

Jiménez, Juan Ramón: Platero und ich. Andalusische Elegie, Frankfurt (Insel-Verlag), 1992. Eine philosophische Unterhaltung mit einem Esel.

Uhlen, Anna: Lust auf Sherry. Kochkunst und Lebensart aus Andalusien, München (M. Hahn), 1998

Von Gladiss, Almut, Scheffold, Margot: Schätze der Alhambra. Islamische Kunst aus Andalusien, Tübingen (Wasmuth), 1995

Literatur zu den KurzBiografien (→ S. 34/35)

zu Averroës:

Kommentar des Averroës zu Platons Politeia, 1996

zu Maimónides:

Hayoun, Maurice-Ruben: Maimónides. Arzt und Philosoph im Mittelalter, München (Beck), 1999

zu Manuel de Falla:

Pahlen, Kurt: Manuel de Falla und die Musik in Spanien, Mainz (Schott), 1994

zu Trajan:

Der Briefwechsel mit Kaiser Trajan, Ditzingen (Reclam), 1985

Geschichte

Einen farbenprächtigen Einblick in die Geschichte der Provinzen Spaniens ermöglichen die gekachelten Bilder der Plaza de España in Sevilla.

Die Untersuchung von Knochenfragmenten hat ergeben, dass vor mehr als einer Million Jahren die ersten Menschen die Iberische Halbinsel bevölkerten. Vor rund 750 000 Jahren durchstreiften altsteinzeitliche Jäger das Land, bewaffnet mit einfachen Schlag- und Schneidewerkzeugen aus Stein. Dem Neandertaler, der um 200 000 über die Pyrenäen einwanderte, folgten um 40 000 die ersten Menschen der Gattung Homo sapiens.

Vor 120 000 Jahren – also lange vor seinem Erscheinen in Europa – existierte der moderne Mensch bereits im subsaharischen Afrika.

Erste kulturelle Zeugnisse

Die ersten so genannten künstlerischen Zeugnisse früher Kulturen stammen aus der Zeit um 20 000 v. Chr., als Höhlenbewohner Zeichnungen, Malereien und Ritzungen an den Wänden ihrer Wohnstätten hinterließen. Besonders gut erhaltene Beispiele dieser prähistorischen Malereien bergen die Höhlen von Pileta (→ MERIAN-Tipp S. 128) und Nerja (→ S. 122).

Die so genannte Glockenbecherkultur – benannt nach glockenförmigen Keramiken, die meist als Grabbeigaben gefunden wurden – nahm ihren Anfang im 3. Jahrtausend. Die Hirten- und Jägervölker erlebten einen raschen kulturellen Aufschwung, der auf den Bodenschätzen des südlichen Spanien beruhte: Erze wie Kupfer und Zinn, Grundlage für Bronze, und Gold. Neben den klimatischen vorteilhaften Bedingungen für Ackerbau und Viehzucht sollten es diese reichen Bodenfunde sein, die in den kommenden Jahrtausenden das Interesse zahlreicher Völker auf die Iberische Halbinsel richtete und zu regem Handel führte. Befestigte Orte wie Los Millares (→ S. 50) und Überreste einer entwickelten Megalithkultur wie die Dolmen von Antequera (→ S. 116) sind in diesem Zusammenhang zu sehen.

750 000 v. Chr.
Steinwerkzeuge kennzeichnen die altsteinzeitlichen Jäger.

etwa 20 000 v. Chr.
Höhlenmalerei; Almería- und Megalithkultur.

2500 v. Chr.
Erste Metall verarbeitende Kulturen, Megalithbauten werden errichtet.

750 000 v. Chr. | *20 000 v. Chr1050* | *2500 v. Chr.*

Eine ausgereiftere Stufe der Metallverarbeitung und damit auch der verbesserten Waffenproduktion, die späte Bronzezeit, repräsentiert die so genannte El-Argar-Kultur in der Provinz Almería. Diese hoch entwickelte Kultur des beginnenden 2. Jahrtausends schuf bronzene Waffen, eine eigenständige Keramik und Schmuck. Vermutlich aus Nordafrika waren die mit den Berbern verwandten Iberer eingewandert, ein Völkergemisch, das im Allgemeinen als die »Urbevölkerung« Spaniens gilt und der gesamten Halbinsel ihren Namen gab.

Das Schaffen der El-Argar-Kultur wurde wohl vom östlichen Mittelmeerraum – von Mykene und Kreta – beeinflusst.

Um 1000 v. Chr. existierte im südlichen Spanien die legendäre Kultur von Tartessos, deren Reichtum sich ebenfalls auf den Abbau der großen Bodenschätze gründete. Auch die Phönizier wussten den Reichtum dieser Region zu nutzen, sie betrieben Handelsniederlassungen an der andalusischen Küste. Als Stützpunkt gründeten sie um 1100 v. Chr. Gadir, das spätere Cádiz, um von hier aus am lukrativen Zinnhandel teilzunehmen.

Die römische Provinz Baetica

Die Karthager waren die nächste Großmacht, die über Handelsstützpunkte vornehmlich in Küstennähe die Entwicklung im südlichen Spanien bestimmte. Nach dem Zweiten Punischen Krieg (218–201 v. Chr.) zwischen Römern und Karthagern hatten die Römer die Oberhand erlangt, trotz des Widerstands der iberischen Urbevölkerung gelang es ihnen, ihr Weltreich fast über die gesamte Iberische Halbinsel auszudehnen. Die Herrschaft Roms sollte bis ins 5. Jahrhundert andauern. Latein setzte sich als Sprache durch, römische Verwaltung und römisches Recht lösten die alte Ordnung in Hispania

Entsprechend dem Mythos der Antike endete die Welt jenseits der Straße von Gibraltar. Hier richtete der griechische Held Herakles die berühmten Säulen auf, die den Himmel trugen.

900 v. Chr.
Zunehmende Kolonisierung Andalusiens.

264 v. Chr.
Punische Kriege zwischen Karthago und Rom.

1000 v. Chr. | *500 v. Chr.* | *200 v. Chr.*

ab. Unter Augustus (63 v. Chr.–14 n. Chr.) wurde Spanien schließlich in drei Provinzen aufgeteilt, wobei die südliche Provinz Baetica ungefähr dem heutigen Andalusien entsprach. Unter den Römern erblühten neue Städte wie Itálica und Hispalis (Sevilla), bestehende Siedlungen wie Cádiz und Córdoba wurden ausgebaut. Neue Handelswege entstanden, und römische Bewässerungssysteme führten zum Aufschwung der Landwirtschaft. Rom profitierte von der Ausbeutung der Bodenschätze und importierte große Mengen an landwirtschaftlichen Produkten, darunter Wein, Öl und Getreide. Mit der Zeit verschmolz die einheimische Oberschicht mit den neuen Machthabern, schließlich stellte die Provinz gar römische Kaiser wie Trajan (53–117) und Hadrian (76–138), und auch berühmte Philosophen und Politiker wie Seneca stammen aus Baetica.

Die Landwirtschaft wurde während der römischen Epoche vorwiegend in großen Latifundien betrieben, die Masse der Bevölkerung unterstand mächtigen Großgrundbesitzern und römischen Beamten. Mit dem Zerfall des riesigen Römischen Reiches, der begleitet war von steigenden Abgaben und Steuern, wuchs der Widerstand großer Bevölkerungsteile. In dieser Phase war es den von Norden einströmenden Völkern, Alanen, Sueben und Vandalen, ein Leichtes, das bröckelnde Reich zum Einsturz zu bringen. Der Durchzug dieser Völker blieb ein Intermezzo, erst die Westgoten errichteten eine fast 300-jährige Herrschaft, die bis ins 8. Jahrhundert andauerte.

206 v. Chr.
Gründung Italicas.

45 v. Chr.
Sieg Cäsars über die Söhne des Pompeius in Munda.

411
Vandalen erobern die Baetica.

200 v. Chr.

0

Die Herrschaft der Westgoten

Unter den Westgoten vollzog sich der Übergang zum Christentum, das bereits in den ersten Jahrhunderten unserer Zeitrechnung auf der Iberischen Halbinsel Fuß fassen konnte, die feudale Verteilung von Grund und Boden wurde gefestigt und die Stellung der Kirche gestärkt. Mit der Zeit verschwand das freie Bauerntum, Adelsintrigen bestimmten das politische Geschehen, und der Widerstand gegen die zahlenmäßig kleine westgotische Oberschicht nahm zu. Eine herausragende Rolle spielte in dieser Epoche Isidor von Sevilla. Der Erzbischof verfasste nicht nur ein enzyklopädisches Werk, das den damaligen Wissensstand zusammenfasste, sondern er war es auch, der die Verfolgung der spanischen Juden initiierte und damit eine in späteren Jahrhunderten mit der Inquisition erneuerte Geisteshaltung vorbereitete. In dieser von Intrigen gekennzeichneten Zeit fiel es den von Süden her eindringenden arabischen Völkern nicht schwer, die Herrschaft im Land zu übernehmen.

Bis heute führen vornehme spanische Familien ihre Herkunft gerne auf westgotische Wurzeln zurück.

Al-Andalus

Nach dem Tod Mohammeds im Jahre 632 setzten die Araber ihre Eroberungspolitik fort. Innerhalb kürzester Zeit errangen sie die Macht über große Teile Nordafrikas. Der Vorstoß nach Europa gelang im Jahr 711. Unter Führung von Tariq Ibn Ziad gingen bei Granada 20 000 Soldaten an Land und trafen bei Jerez de la Frontera auf das gotische Heer. Nur sieben Tage dauerte die Schlacht, die mit dem Sieg der Araber und dem Tod Roderichs, des letzten Königs der Westgoten, endete. Innerhalb weniger Jahre stand fast die gesamte Iberische Halbinsel unter

Die Mauren nannten das neu eroberte Land »al-Andalus«, Land der Vandalen, und gaben ihm damit seinen bis heute gebräuchlichen Namen.

426
Westgoten vertreiben die Vandalen.

711
Sieg der islamischen Truppen über die Westgoten.

700 n. Chr.

arabischer Kontrolle. Hauptstadt des von Bagdad abhängigen Kalifats war Córdoba.

Die Zahl der Araber, die die neue Oberschicht stellte, war gering. Mit der Zeit kamen mehr und mehr Berber aus Mauretanien, vornehmlich Ackerbauern und Hirten. Nach ihnen benannten die Spanier alle Mohammedaner Mauren, »moros«, die Schwarzen, unabhängig davon, ob es sich um Berber oder Araber handelte.

Das relativ tolerante Verhalten gegenüber den Besiegten war mit ein Grund dafür, dass es den muslimischen Machthabern so schnell gelang, die Halbinsel in Besitz zu nehmen. Nur wenn die Bewohner eines eroberten Landes nicht kapitulierten, drohte ihnen Tod oder Sklaverei. Als Untertanen des Kalifen jedoch erwartete sie ein teilweise leichteres Leben als unter den Westgoten. Christen wie Juden durften ihren Glauben und ihre Gebräuche beibehalten; wer nicht freiwillig zum Islam übertrat, musste lediglich eine besondere Steuer entrichten. Vor allem die jüdische Bevölkerung konnte nach Jahrhunderten des Antisemitismus aufatmen.

Die arabische Führungsschicht war zunächst eine kleine Minderheit, die sich erst im Laufe der Zeit mit der einheimischen Bevölkerung vermischte und dadurch letztendlich zu stärkerer kultureller Eigenständigkeit gegenüber den arabischen Herkunftsländern gelangte.

Über lange Zeit hinweg beruhte die Vormachtstellung der Araber weniger auf Waffengewalt als auf der großen Ausstrahlungskraft der islamischen Kultur. Ihr Zentrum bildeten die Städte, die wie Córdoba Hunderttausende von Einwohnern zählten; allein die Hauptstadt des Byzantinischen Reichs, Konstantinopel, konnte sich mit ihrem Reichtum mes-

756
Abd ar-Rahman I. gründet das unabhängige Emirat al-Andalus.

929
Abd ar-Rahman III. ruft das Kalifat von Córdoba aus.

750 **1000**

sen. Hier gab es unzählige Werkstätten und Läden, ein Meer von Moscheen und Palästen. Hunderte von öffentlichen Bädern soll es im Córdoba des 10. Jahrhunderts gegeben haben, ein Niveau an Hygiene, das den mittelalterlichen Nachbarn im Norden ein Greuel war. Das Handwerk erlebte eine nie da gewesene Blüte, sei es auf dem Gebiet der Waffentechnik oder der Lederherstellung, der Seiden- oder Teppichweberei, der Papier-, Glas- und Keramikproduktion. In zahlreichen Bibliotheken und Schulen wurden neueste Erkenntnisse aus allen Wissenschaften vermittelt, die Universitäten zogen Studenten aus ganz Europa an. Die Heilkunde erreichte in Andalusien einen Stand, der im mittelalterlichen Europa erst weitaus später erreicht werden sollte, und so ließen sich auch wohlhabende Christen in Córdoba behandeln und Eingriffe von den damals fortschrittlichsten Chirurgen vornehmen.

Zahlreiche Wörter des Spanischen, wie »azucar« (Zucker) oder »arroz« (Reis), sind ein Erbe der maurischen Herrscher.

Diese hoch stehende städtische Lebenskultur beruhte zu einem erheblichen Teil auf einer weit entwickelten Landwirtschaftstechnik. Vor allem die Fähigkeit, mittels klug angewandter Bewässerungssysteme bislang unfruchtbares Gebiet in fruchtbares Land zu verwandeln, belebte die Wirtschaft. Neben neuen Agrartechniken führten die Araber auch zahlreiche Kulturpflanzen ein, die heute selbstverständlicher Bestandteil unseres Speiseplanes sind: Zitronen und Apfelsinen, Aprikosen und Bananen, Reis und Zuckerrohr, Spinat und Blumenkohl, Spargel und Artischocken und Maulbeerbäume als Grundlage für die Seidenindustrie. Das Merinoschaf kam aus Nordafrika nach Europa und lieferte Wolle, die als lukrativer Artikel exportiert wurde. Die Landwirtschaft basierte auf einem Pachtsystem, das die einzelnen Pächter nicht bis aufs Blut aussaugte, wie

10. Jahrhundert
Ausgeprägte städtische Lebenskultur.

1031
Zerfall des Kalifats in zahlreiche kleine Königreiche (»taifas«).

Verlorengegangenes Wissen der Antike, wie die Schriften des Aristoteles, wurden im maurischen Andalusien wiederbelebt.

es zum Teil unter Römern und Westgoten der Fall gewesen war.

Doch war die viele Jahrhunderte andauernde arabische Herrschaft über Andalusien keineswegs von gleich bleibender Natur. Phasen der Toleranz mussten Abschnitten des religiösen Fundamentalismus weichen, der sich wie bei allen Religionen unnachgiebig zeigte.

Im Jahre 756 errichtete der aus Damaskus geflohene Omaijadenprinz Abd ar-Rahman I. ein vom Orient unabhängiges Emirat, dessen Macht und Eigenständigkeit so stark wuchsen, dass Abd ar-Rahman III. im Jahre 929 sogar ein von Bagdad unabhängiges westliches Kalifat ausrufen konnte. Damit erlangte der Herrscher neben der weltlichen Macht auch die uneingeschränkte religiöse Macht über die Gläubigen. Die Zeit des Kalifats bis ins Jahr 1031 war ohne Zweifel einer der Höhepunkte maurischer Kultur. Spannungen und Nachfolgestreitigkeiten, nicht zuletzt zwischen Berbern und Arabern, führten 1031 zum Zerfall des Kalifats in 30 kleine Einzelreiche, die so genannten »taifas«. Das Ende der maurischen Herrschaft in Spanien war damit eingeleitet.

Die Reconquista

Bereits im Jahre 1085 war Alfons VI. von Kastilien mit der Eroberung Toledos der erste große Sieg über das maurische Spanien geglückt. In den folgenden Jahrhunderten gelang die schrittweise Rückeroberung der gesamten Iberischen Halbinsel, der durch den Papst die Weihe eines »Kreuzzuges gegen die Ungläubigen« verliehen worden war. Eroberungen standen dabei neben tributpflichtigen Unterwerfungen regionaler Herrscher.

1085
Alfonso VI. erobert Toledo; die schrittweise Rückeroberung der Halbinsel beginnt.

1088
Herrschaft der Almoraviden.

1147
Almohaden regieren über das Land von Marrakesch aus.

1100

THEMA: Aspekte islamischer Kunst in al-Andalus

Als einzigartig in Europa muss die Hinterlassenschaft der Mauren gelten, die rund 700 Jahre lang große Teile Andalusiens beherrschten und mit Moscheen und Palästen beeindruckende Denkmäler islamischer Bautradition schufen. Unverkennbar sind Einflüsse aus Syrien und Persien, aber auch Merkmale byzantinischer Kultur, zu denen regionale Ausformungen treten. Die enge Verknüpfung von Kunst und Religion verlangte jedoch die Einhaltung bestimmter Prinzipien und eine ständig wiederkehrende Grundstruktur. So musste die Moschee als wichtigstes religiöses Gebäude Brunnen für die rituellen Waschungen vorweisen, und die Gebetswand mit dem Mihrab musste nach Mekka gerichtet sein. Wesentlicher Faktor für die individuelle Gestaltung war ohne Zweifel der Bauschmuck, der in der christlichen Kunst häufig in der Darstellung von Heiligen und biblischen Gestalten besteht. Nicht so in der Kunst des Islam. Zwar verbietet der Koran nicht eindeutig die Abbildung menschlicher und tierischer Gestalten, doch er rät davon ab (Koran 5,92). An religiösen Gebäuden sind deshalb figurative Elemente nur in Ausnahmefällen zu finden.

Im Zentrum der künstlerischen Leistung steht ohne Zweifel das Ornament. Die aufs Höchste verfeinerte Flächendekoration umfasst eine immense Vielfalt an Mustern und Formen, die sich mit mathematischer Genauigkeit wiederholen und ineinander verflechten. Vorbilder für diese so genannten Mauresken sind Motive aus der Pflanzen- und Tierwelt, vor allem aber auch Schriftzüge mit Versen aus dem Koran und dem Namen Allahs, der in das Gesamtornament eingeflochten wird. Die dreidimensionale Wirkung, die durch das geschickte Zusammenspiel von Formen und Farben erzeugt wird, lässt die Grundstrukturen eines Raumes in den Hintergrund treten.

Das fortlaufende Muster schließt die Betonung und Hervorhebung einzelner Elemente nahezu aus und entspricht somit dem religiösen Verständnis der Muslime.

Der Glanz islamischer Kultur und die Prachtentfaltung der maurischen Oberschicht war in jener Zeit jedoch keineswegs gebrochen, erkauft zum Teil mit hohen Steuern und größerer Unzufriedenheit der Bevölkerung. In dieser Situation gelang es fanatischen religiösen Erneuerungsbewegungen aus dem nordafrikanischen Raum, die sich befehdenden »taifas« kurzfristig zu vereinen. Zunächst war es die Dynastie der Almoraviden, die ab 1088 religiöse Sittenstrenge im »verweichlichten« Andalusien wiederherstellen wollte. Den Almoraviden folgten im 12. Jahrhundert die Almohaden, die von Marrakesch aus herrschten und ebenfalls das Ziel der Sittenstrenge auf ihre Fahnen geschrieben hatten. Doch für die eigenständige Kultur Andalusiens, die Verweltlichung und Lockerung von Sitten und Religion, konnten auch sie keine Alternative bieten, und schließlich erlagen auch die Almohaden dem Charme andalusischen Lebens.

Das 13. Jahrhundert besiegelte das Ende der maurischen Herrschaft. Nach und nach wurden fast alle großen andalusischen Städte von christlichen Heeren eingenommen: 1236 Córdoba, 1244 Jaén, 1248 Sevilla, 1262 Cádiz. 1292 fiel die Meerenge von Gibraltar an die Christen.

Mit der Hochzeit von Isabel I. und Ferdinand II., 1469, vereinigten sich Kastilien und Aragonien zu einem mächtigen Reich, das die Voraussetzung für den spanischen Nationalstaat bildete und das Ende der Maurenherrschaft besiegelte.

Nur ein einziger muslimischer Herrschaftsbereich im Südosten konnte sich behaupten: das Königreich Granada unter dem Geschlecht der Nasriden. Diese maurische Enklave sicherte ihr Bestehen und ihre Blüte noch rund 250 Jahre lang mittels militärischer Stärke, wirtschaftlicher Erfolge und einer klugen Politik, die sich Freiräume durch hohe Tributzahlungen an die katholischen Herrscher erkaufte. In dieser Zeit letzter kultureller Blüte wurde mit dem Bau der Alhambra und des Generalife begonnen,

1212
Sieg bei Las Navas de Tolosa.

1232
Begründung der Nasridendynastie in Granada.

1236
Christen erobern Córdoba.

1391
Judenpogrom in Andalusien.

1200 — *1400*

den Wahrzeichen maurischer Kultur Andalusiens schlechthin. 1492 endete auch dieses Stück maurischer Präsenz in Spanien. Der letzte maurische Herrscher Boabdil musste die Alhambra räumen, die Katholischen Könige Isabel und Ferdinand übernahmen die Macht.

Der Aufstieg einer Weltmacht

Das Jahr 1492 erwies sich als ein Schlüsseldatum für die weitere Entwicklung Spaniens. Das Land war nun unter dem Banner des Christentums vereint, der Katholizismus bildete das einigende Band. Doch bald zeigte sich dessen fundamentalistische Seite: Bücherverbrennungen und Zwangstaufen wurden durchgeführt, die Inquisition wütete grausam, Hunderttausende von Juden wurden ins Exil getrieben und hinterließen eine große Lücke in Wirtschaft und Kultur. Auch die Reste der maurischen Bevölkerung litten unter Verfolgungen. Sie wehrten sich in – erfolglosen – Aufständen und wurden zur massenhaften Auswanderung nach Nordafrika gezwungen. Handwerk und Landwirtschaft, unter den Mauren die blühendsten Zweige der Wirtschaft, hatten unter diesem Aderlass erheblich zu leiden. Adel und Ritter erhielten für ihre »Verdienste« Großgrundbesitz, doch mit dem ritterlichen Ideal war auch die Verachtung der Arbeit verbunden, und die einst blühende Landwirtschaft verfiel.

Doch zunächst war für einen Ausgleich gesorgt, denn 1492 entdeckte Christoph Kolumbus Amerika. Die darauf folgende Ausbeutung der amerikanischen Kolonien bescherte Spanien unermesslichen Wohlstand, der allerdings nicht auf der Produktivität des Landes selbst beruhte.

Sevilla etablierte sich als Tor zur Neuen Welt. In den Hafen der Stadt liefen Handelsschiffe ein, vollgepackt mit Gold, Silber und Gewürzen.

1481
Einsetzung der Inquisition.

1489
Eroberung Almerías.

1492
Christoph Kolumbus entdeckt Amerika.

1516
Mit Ferdinands Enkel Karl I. beginnt die Epoche der Habsburger.

1500

Miguel de Cervantes, Calderón de la Barca, El Greco, Velázquez, Murillo und Zurbarán zählen zu den Persönlichkeiten, die das »Siglo de Oro« hervorgebracht hat.

Mit Karl V., der 1530 in Bologna zum Kaiser gekrönt wurde, begann die Epoche der Habsburger. Sie sollte bis ins Jahr 1700 dauern und vom Kampf um die Vorherrschaft in Europa und gegen die abtrünnigen Protestanten bestimmt sein. Die Kriege wurden mit hoher Staatsverschuldung und einem Anziehen der Steuerschraube bei der Masse der Bevölkerung bezahlt. Das 16. und 17. Jahrhunderte bescherte Spanien aber auch eine Zeit der kulturellen Blüte, die unter dem Namen »El Siglo de Oro«, das goldene Jahrhundert, in die Geschichte einging. Doch vergebens waren die Versuche, die protestantischen Niederlande und England niederzuringen. Immer häufiger kam es in der von Kriegen und Abgabelasten gedrückten Bevölkerung zu Hungersnöten und Aufständen. Nach dem Spanischen Erbfolgekrieg (1701–1714) fiel der Thron an die französischen Bourbonen, wie in Frankreich hielt der Zentralismus Einzug in die Politik Spaniens. Als Napoleon mit seinen Truppen 1808 in Spanien und Andalusien einfiel, erfuhr er heftigen Widerstand.

Cádiz lief im 18. Jahrhundert Sevilla den Rang als Handelsmetropole ab.

Während das 19. Jahrhundert vom Niedergang Spaniens als Weltmacht bestimmt war – 1898 verlor das Land seine letzten überseeischen Kolonien – und das Agrarland Spanien durch weit verbreitete Armut gekennzeichnet war, blieb der Gutsherr, »el señorito«, Leitfigur des gesellschaftlichen Lebens in Andalusien. Einige Dutzend Familien verfügten zu diesem Zeitpunkt in Andalusien über den größten Teil der Nutzflächen. Das Elend der breiten Bevölkerung führte zu Widerstand; in Andalusien erhielt die anarchistische Bewegung mehr Zulauf als in den anderen Landesteilen.

Anfang des 20. Jahrhunderts erschütterten Aufstände und Gewalt das Land. Nachdem ein Staats-

1714
Der Thron fällt an den französischen Bourbonen Philipp V.; Frieden von Rastatt und Baden.

1810
Napoleon fällt in Andalusien ein.

1873
Die Erste Spanische Republik wird ausgerufen.

1700 | 1800 | 1850

streich Primo de Rivera an die Spitze der Regierung gebracht hatte, errangen die Republikaner 1931 einen deutlichen Sieg bei den Wahlen zur verfassungsgebenden Versammlung, die Zweite Spanische Republik wurde ausgerufen – die Erste des Jahres 1873 hatte sich nicht einmal ein Jahr halten können. Doch die Gewalt nahm kein Ende, nach Auflösung des Parlaments 1936 erreichten die vereinigten Linksparteien die parlamentarische Mehrheit; die Rechte reagierte mit einem Militärputsch, der sich zum Bürgerkrieg ausweitete.

Der Spanische Bürgerkrieg

Schändlichen Beitrag zum Spanischen Bürgerkrieg leistete Hitlers »Legion Condor«. Sie zerstörte am 26. April 1937 die baskische Stadt Guernica.

Drei Jahre sollte dieser Bürgerkrieg andauern, von 1936 bis 1939, ungefähr eine halbe Million Menschen verlor dabei ihr Leben, Hunderttausende gingen ins Exil oder wurden eingesperrt. Nicht zuletzt mit Unterstützung faschistischer italienischer Truppen und der Luftwaffe des nationalsozialistischen Deutschland gingen die konservativen spanischen Kräfte unter Führung ihres Generalissimus, Francisco Franco, und mit Unterstützung der katholischen Kirche als Sieger hervor.

Die demokratischen Kräfte Spaniens erhielten hingegen keine offizielle Unterstützung von anderen Ländern. Lediglich Stalin schickte Waffen, ließ sich diese jedoch teuer bezahlen. Überall auf der Welt sammelten sich jedoch internationale Brigaden, die nach Spanien aufbrachen und auf Seiten der republikanischen Kräfte kämpften. Darunter so berühmte Schriftsteller wie Ernest Hemingway und Arthur Koestler, George Orwell und André Malraux. Doch auch sie konnten den Sieg Francos nicht mehr verhindern.

1898
Verlust der letzten Kolonien (zeitgenössische Karikatur).

1923
Diktatur Primo de Riveras.

***1898 †1936**
Federico García Lorca – Opfer des Bürgerkriegs.

1931
Ausrufung der Zweiten Spanischen Republik.

1900

1925

Die Diktatur Francos

Der Caudillo, wie er genannt wurde, stand 36 Jahre lang einem diktatorischen Regime vor, dessen Macht sich auf Militär, Kirche und einer winzigen, besitzenden Schicht gründete. Es gelang dem Diktator, sich weitgehend aus dem Zweiten Weltkrieg herauszuhalten. Anfangs übernahm der Staat zum großen Teil die Kontrolle über die am Boden liegende Wirtschaft, und schon Anfang der fünfziger Jahre, im Zuge des Kalten Krieges, wurde Spanien von den Amerikanern ökonomisch unterstützt, sah man in Franco doch eines der Bollwerke gegen den Kommunismus. Erst in den sechziger Jahren bewegte sich Spanien stärker auf Europa zu, öffnete den Markt für ausländische Investoren, das Wirtschaftswachstum war beträchtlich. In gleichem Maße wuchs jedoch der innenpolitische Widerstand, Proteste und Unruhen waren an der Tagesordnung. Von der Industrialisierung Spaniens profitierte zunächst vor allem der Norden, Andalusien blieb lange Zeit das Armenhaus der Nation, und viele Menschen suchten einen Ausweg als Gastarbeiter in den europäischen Nachbarstaaten.

Erst mit dem Ausbau des Tourismus am Mittelmeer zeichneten sich auch für Andalusien wirtschaftliche Perspektiven ab.

Andalusien heute

Am 20. November 1975 starb Franco – ein Datum, das die Geburtsstunde der Demokratie markiert. Von anfänglichen Instabilitäten abgesehen – wie ein versuchter Militärputsch im Februar 1981 zeigte – entwickelte sich Spanien rasch zu einer stabilen parlamentarischen Demokratie. Sie hat mit allen Widersprüchlichkeiten einer modernen Industrienation zu kämpfen. 1981 wurde der Autonomiestatus

1936–1939
Ende des Bürgerkrieges mit über 500 000 Toten; Pablo Picasso: »La Guernica« (1937).

1939–1975
Diktatur unter General Franco.

1975
Tod General Francos und Ende der 36-jährigen Diktatur; König Juan Carlos festigt die Demokrati

1940 *1970*

Andalusiens ausgearbeitet und verabschiedet, der ein Jahr später in die ersten Wahlen eines Regionalparlaments mündete. Die Region erhielt so mehr Eigenständigkeit. Mit dem Beitritt Spaniens zur NATO 1982 und der Aufnahme in die Europäische Gemeinschaft 1986 schritt die Europäisierung des Landes weiter voran. Durch die Anerkennung Spaniens als Vollmitglied der Europäischen Union im Jahr 1992 wurde die Wirtschaft stabilisiert.

Die Sozialistische Partei unter Felipe Gonzalez konnte 1982 erstmals die Regierungsgeschäfte übernehmen und ihre Mehrheit bis ins Jahr 1996 halten. Fehlende wirtschaftliche Erfolge – Spanien hatte mit 20 Prozent Erwerbslosen die höchste Arbeitslosenrate Europas –, aber auch ein riesiges, erst nach und nach die Öffentlichkeit erreichendes Ausmaß an Korruption führte im Jahr 1996 zum Wahlsieg der konservativen Partido Popular unter José María Aznar. Anders in Andalusien, wo bei den parallel abgehaltenen Regionalwahlen die PSOE zum fünften Mal in Folge stärkste Partei wurde, allerdings eine Koalitionsregierung mit der regionalen Partei Partido Andalucista eingehen musste. Von der expandierenden Wirtschaft und dem boomenden Fremdenverkehr in Andalusien profitieren nur wenige.

Die Arbeitslosigkeit bleibt ungewöhnlich hoch, im Schnitt liegt sie zwischen 20 und 30 Prozent. Es gibt also noch genug zu tun, um die Demokratie vollends umzusetzen und den Menschen eine gleichberechtigte Teilnahme am gesellschaftlichen Leben zu ermöglichen.

Anlässlich der 500-Jahr-Feiern der Entdeckung Amerikas wurden auch viele kritische Stimmen laut, die die Schattenseiten der Entdeckung verurteilt wissen wollten.

1992
Weltausstellung in Sevilla; Spanien erlangt die Vollmitgliedschaft in der EU.

1996
Die Konservativen stellen die neue Regierung.

2002
Spanien führt den Euro ein.

1990

KURZBIOGRAFIEN

Abd ar-Rahman III. (889–961) Unter Abd ar-Rahman III. erlebte das omaijadische Reich eine Zeit höchster Blüte und politischer Stabilität, denn Abd ar-Rahman III. gelang es, die von Intrigen und Feindseligkeiten zerrütteten arabischen Stämme unter seiner Führung zu einigen. Im Jahr 929 begründete er ein von Bagdad unabhängiges Kalifat, das er von seiner Palaststadt Medina al Zahara bei Córdoba aus beherrschte – nach zeitgenössischen Berichten ein Ort, der damals in seiner Pracht von keiner anderen Stadt der Welt übertroffen wurde.

Averroës (1126–1198) Ibn Rushd, der im christlichen Abendland Averroës genannt wurde, galt im Mittelalter als der Aristoteles-Kommentator par excellence. Sowohl für die christliche Theologie wie für die abendländische Philosophie stellte er eine der Brücken zur griechischen Antike dar. Der in Córdoba geborene Averroës wirkte als Richter in Sevilla und als Arzt in Marokko. Neben seinen richtungweisenden Aristoteles-Kommentaren verfasste er auch juristische Werke und eine Gesamtdarstellung der Medizin. Für Averroës nahm die Vernunft einen hohen Stellenwert im Bereich des Glaubens ein, beide Bereiche verstand er nicht als Gegensatz.

Falla, Manuel de (1876–1946) Der in Cádiz geborene Komponist verlebte seine Jugend in Andalusien und ging dann nach Madrid und Paris, wo er von Ravel und Debussy beeinflusst wurde. 1919 kehrte er in seine Heimat zurück und wohnte bis zum Ende des Bürgerkriegs in Granada. Unter dem Druck der Faschisten wanderte Manuel de Falla schließlich nach Argentinien aus. Falla gilt als Begründer einer neuen Epoche der nationalspanischen Musik, deren Wurzeln in der spanischen Volksmusik zu suchen sind. Seine größten Werke schrieb er für das Ballett, wie zum Beispiel »Der Dreispitz«, der 1919 in London seine Uraufführung erlebte.

Manuel de Falla

Jiménez, Juan Ramón (1881–1958) Das kleine Städtchen Moguer in der Nähe von Huelva ist Geburtsort des Schriftstellers Juan Ramón Jiménez, der als bedeutendster Vertreter und zugleich Überwinder des Modernismo gilt. Großen Ruhm erlangte Jiménez mit dem in seiner Heimatstadt angesiedelten stimmungsvollen Roman »Platero und ich«, der die Geschichte eines kleinen Esels (1914) erzählt. Vor allem im Frühwerk des Autors finden sich volkstümliche andalusische Landschaftsmotive. Anfang der fünfziger Jahre siedelte Jiménez nach Puerto Rico über. 1956 erhielt der Schriftsteller den Nobelpreis für Literatur.

Maimónides, Moses (1135–1204) Der in Córdoba geborene Moses Maimónides war in seiner Heimatstadt eine wichtige Persönlichkeit der jüdischen Gemeinde. Durch seine Systematisierung des Talmuds nahm er bedeutenden Einfluss auf die jüdische Philosophie und Theologie. Ähnlich wie bei Averroës spielte in seinen Auffassungen die Vernunft eine herausragende Rolle, heftig wandte er sich gegen jede Form von Wunderglauben. Unter der Herrschaft der fanatischen Almohaden musste Maimónides Andalusien verlassen und fand Zuflucht in Ägypten. Auf Grund seiner herausragenden naturwissenschaftlichen und medizinischen Kenntnisse – er verfasste diverse medizinische Abhandlungen – avancierte er zum Leibarzt des Sultans Saladin.

Murillo, Bartolomé Esteban (1617–1682) Als Meister Sevillas gründete der hier geborene und verstorbene Künstler Murillo eine Malerakademie, zu deren erstem Präsidenten er gewählt wurde. Der Alltag ist neben zahllosen Bildern tief religiösen Inhalts Gegenstand der Malerei Murillos. Weltbekannt machte er die Gassenjungen des Sevillaner Stadtviertels Santa Cruz, die zu seinen beliebtesten Motiven zählen und zu den eindrucksvollsten Kinderdarstellungen der europäischen Kunst gehören. Viele religiöse Werke Murillos sind in Sevilla im Museo de Bellas Artes und im Hospital de la Caridad zu bewundern. Seine berühmten Gassenjungen werden in Paris, Wien und München gezeigt. Während die religiösen Arbeiten im Auftrag von Klöstern und Kirchen entstanden, malte der Künstler Genreszenen für den Kunsthandel, über den die Gemälde ins Ausland gelangten.

Bartolomé Esteban Murillo

Paco de Lucia

Lucia, Paco de (*1947) Guten Gewissens kann der in Algeciras geborene Paco de Lucia als ein Genie der Gitarre bezeichnet werden. Ausgehend vom traditionellen Flamenco verschaffte er diesem ganz neue Ausdrucksformen. Darüber hinaus spielte er Werke von Manuel de Falla und trat mit Stars der Jazzszene auf wie John McLaughlin und Al di Meola.

Trajan (53–117) Der im Jahre 98 zum römischen Kaiser erklärte Trajan stammt aus Itálica in der damaligen römischen Provinz Baetica. Unter seiner Herrschaft wurde das Römische Reich ausgedehnt, unter anderem durch Eroberungen in Dakien, Arabien und Mesopotamien.

Literatur zu den KurzBiografien → S. 17

Hotels und andere Unterkünfte

Das stilvoll restaurierte Hotel Parador de Ronda liegt in der Nähe der berühmten Brücke über die Tajo-Schlucht (→ S. 128).

Hotels/andere Unterkünfte

Die Palette der Unterkünfte reicht von einfachen »hostales«, bis hin zu Fünf-Sterne-Hotels mit jeglichem Komfort vor allem in den größeren Städten. Wie zu erwarten, ist das Angebot an der Küste weitaus größer als im Landesinneren. Vor allem während der Hauptsaison müssen Sie damit rechnen, dass die Unterkünfte in den großen Zentren wie Granada, Córdoba und Sevilla ausgebucht sind, rechtzeitige Reservierung ist also ratsam. Dasselbe gilt für Zeiten regionaler Feste wie die Karwoche oder die berühmte Feria von Sevilla.

Vor Ort erhalten Sie in den regionalen Touristenbüros (Oficinas de Turismo) ausführliche Broschüren mit Preisangaben zum regionalen Angebot. Hotels sind mit bis zu fünf Sternen klassifiziert, die einfacheren Hostales und Pensiones mit bis zu zwei Sternen. Vor Ort finden Sie meist auch einfachste Zimmer oder Apartments, die nicht in den offiziellen Hotelführeren auftauchen. Die örtlichen Touristenbüros helfen Ihnen auf Anfrage gerne weiter.

Besonders attraktiv bei vielen Hotels: die wunderschönen Gärten mit Wasserbecken – wie in Córdoba (→ S. 72).

Weit über 100 Campingplätze gibt es vor allem entlang der Küste, eine komplette Liste ist bei den Touristenbüros erhältlich.

Besondere Aufmerksamkeit verdienen die staatlichen Paradores Nacionales, die zumeist in beeindruckenden historischen Gebäuden untergebracht sind, in Burgen, Palästen und Klöstern, zum Teil aber auch als moderne Strandhotels ausgerichtet sind. Die meisten von ihnen sind mit vier Sternen klassifiziert. Alle 17 Paradores in Andalusien verfügen über eine niveauvolle Ausstattung, guten Service und eine hervorragende Küche. Eine rechtzeitige Reservierung über die zentrale Buchungsstelle in Deutschland ist empfehlenswert, hier informiert man Sie auch über besondere Angebote:

Ibero-Hotel-Reservierung
Steinstr. 21, 40210 Düsseldorf;
Tel. 02 11/8 64 15 20, Fax 8 64 15 29

Preisklassen

★★★★ über 180 €
★★★ bis 180 €
★★ bis 100 €
★ bis 50 €
Übernachtung für zwei Personen im Doppelzimmer, ohne Frühstück.

Alle in diesem Buch empfohlenen Unterkünfte auf einen Blick

Komforthotels für höhere Ansprüche

Marbella: Club-Hotel Marbella ★★★★ ... S. 124
Ronda: Parador de Ronda ★★★ M M ... S. 128
Sevilla: Hotel Alfonso XIII. ★★★★ ... S. 148

Paradores

Cádiz: Parador Hotel Atlántico ★★★ M ... S. 59
Carmona: Parador Alcázar del Rey Don Pedro ★★★ M ... S. 152
Córdoba: Parador de Córdoba ★★★ M ... S. 78
Jaén: Parador de Jaén ★★★ ... S. 112
Málaga: Parador de Málaga-Gibralfaro ★★★ M ... S. 122
Ronda: Parador de Ronda ★★★ M M ... S. 128

Stadthotels mit Flair

Alméria: Hotel Torreluz ★★ ... S. 50
Granada: Hotel América ★★★ ... S. 93
Granada: Pension Rodri ★ M ... S. 93
Málaga: Hotel Don Curro ★★★ ... S. 121
Ronda: Hotel Reina Victoria ★★★ ... S. 128
Sevilla: Hostal Goya ★★ ... S. 148
Sevilla: Las Casas de la Judería ★★★ M ... S. 148

Familiäre Hotels außerhalb

Cazorla: Aparthotel Los Ranchales ★★ ... S. 110
Parque Natural Los Alcornocales: Rancho Los Lobos ★★ M ... S. 66
Sierra de Grazalema: Las Truchas ★★ ... S. 68
Tarifa: Apartamentatos Las Flores ★★ ... S. 69
Vejer de la Frontera: Convento de San Francisco ★★ ... S. 69

Fincas

Aracena: Finca Valbono ★★ ... S. 100

Hostales

Baeza: Hospedería Fuentenueva ★★ M ... S. 109
Granada: Pension Lima ★ ... S. 93

Essen und Trinken

Mit Tapas, Sherry und Brandy wird der Alltag in Andalusien zum kulinarischen Genuss – wie in Puerta de Santa Maria, Ribera del Marisco.

Essen und Trinken

Aus Küche und Keller

Den besten Einstieg in die Vielfalt der traditionellen andalusischen Kochkunst finden Sie über die Tapas – jene herrlichen kleinen Appetithappen, die man aus Schüsseln und Tellern an der Bar wählt. Tapeo – so nennt der Spanier den beliebten Zug von Bar zu Bar, wo eine Delikatesse hier, eine Delikatesse da mit einem Schlückchen Wein hinuntergespült wird. Klar, dass ein üppiges Abendessen dann nicht mehr notwendig ist. Tapas gibt es in allen erdenklichen Variationen, ob Wurst oder Fisch, Gemüse oder Muscheln, dem Erfindungsreichtum sind kaum Grenzen gesetzt. In einigen Bars sind kleinere Tapas zum Teil unentgeltliche Beigaben zu jedem Getränk, ansonsten kosten sie zwischen 0,60 und 1,80 €. Das Tagesangebot erfahren Sie über eine Tafel oder eine spezielle Tapas-Karte. Die Tapas können Sie oft auch als ganze, und dann natürlich teurere, Portion bestellen (»ración«).

Wie in vielen Mittelmeerregionen wird das Frühstück, »desayuno«, in Andalusien etwas lieblos abgehakt. Mit einem »café con leche« (Milchkaffee), dazu vielleicht ein süßes Hörnchen, beginnen viele Spanier ihren Tag. Doch keine Sorge, die großen Hotelanlagen haben sich mit einem reichhaltigen Frühstücksbuffet längst auf die Bedürfnisse der Touristen eingestellt. Das Mittagessen, »comida« oder »almuerzo«, wird zwischen 13.30 und 16 Uhr eingenommen, in der Zeit der größten Hitze des Tages, wenn eine Siesta im Anschluss lockt. Zahlreiche Restaurants bieten ein preiswertes Tagesmenü an (»Menú del día«) und natürlich mehrgängiges Essen à la carte. Wer am frühen Abend essen gehen möchte, der wird zumindest in typisch andalusischen Restaurants, in denen nicht nur Touristen verkehren, häufig vor verschlossenen Türen stehen. Was abends um sieben Uhr noch wie eine verschlossene Garage wirkt, öffnet erst um 21 Uhr seine Pforten und entpuppt sich womöglich als vorzügliches Speiserestaurant. Erst gegen 22 oder 23 Uhr, vor allem an Wochenenden, zieht es die Andalusier zum Abendessen, »cena«, in die Restaurants – ganz so schwer wie am Mittag wird dann allerdings normalerweise nicht mehr getafelt.

Die andalusische Küche ist von ihren regionalen Zutaten geprägt. An der Küste füllen daher Fischgerichte die Speisekarten, auch wenn die Preise dafür angesichts der überfischten Meere stark gestiegen sind. Vor allem an der Atlantikküste sollten Sie Tunfisch, Muscheln oder Sardinen wählen! Die Spuren der arabischen Vergangenheit sind auch in der Küche noch erkennbar, so an der Verwendung zahlreicher Gewürze und der Vorliebe für extrem süße Leckereien, häufig mit Mandeln, Honig, Eigelb und Zucker hergestellt. Suppen und Eintöpfe gehören zu den traditionellen Gerichten Andalusiens, am bekanntesten der »gazpacho«, eine kalte Gemüsesuppe aus

Tomaten, Gurken, Knoblauch, Paprika, Öl und Essig – ursprünglich ein Mittagessen der Landarbeiter.

Wenn Sie nicht gerade Vegetarier sind, ist der berühmte spanische Schinken fast ein Muss. Der beste geräucherte Schinken kommt nach Meinung von Kennern aus der Gegend von Trevelez in den Alpujarras und aus den Bergen rund um Jabugo. Von dort stammt auch die berühmte »pata negra«, der Schinken der schwarzen Schweine, eine allerdings nicht ganz billige Delikatesse.

Dass Sie im Herkunftsland des Sherry auf die größte Vielfalt dieses köstlichen Weines hoffen dürfen, ist einleuchtend. Am besten finden Sie »Ihre« Marke vor Ort heraus, zum Beispiel in einer der Weinkellereien von Jerez, wo man Sie nach dem Besuch der Weinkeller gern zu einer Probe einlädt.

Preisklassen

★★★★ über 30 €
★★★ bis 30 €
★★ bis 20 €
★ bis 7 €
Menü (à la carte) ohne Getränke.

Viele Servietten und Zahnstocher auf dem Boden sind ein Indiz für eine beliebte Tapas-Bar, denn die Gäste lassen Unverdauliches einfach fallen.

Essdolmetscher

A

acedia: Flunder
aceite: Öl
aceitunas: Oliven
agua: Wasser
– *con gas:* Mineralwasser mit Kohlensäure
– *sin gas:* Mineralwasser ohne Kohlensäure
ahumado: geräuchert
ajo: Knoblauch
albóndigas: Fleischbällchen
alcachofas: Artischocken
almejas: Venusmuscheln
alubias: weiße Bohnen
anchoas: Sardellen
albaricoque: Aprikose
almeja: Miesmuschel
almendra: Mandel
anchoas: Anchovis
arenque: Hering
arroz: Reis
asado: Braten
atún: Tunfisch
aves: Geflügel
azúcar: Zucker

B

bacalao: Stockfisch
bebida: Getränk
berberechos: Muscheln
berenjenas: Auberginen
besugo: Seebrasse
bistec: Beefsteak
bocadillo: Sandwich
botella: Flasche

C

cabrito: Zicklein
cana: Glas
café: Kaffee
– *con leche:* Milchkaffee
– *cortado:* Kaffee mit wenig Milch
cangrejo: Krebs
caracoles: Schnecken
carne: Fleisch
carne picada: Hackfleisch
cebolla: Zwiebel
cena: Abendessen
cerdo: Schweinefleisch
cerveza: Bier
chuleta: Kotelett
conejo: Kaninchen
cordero: Lamm
crudo: roh
cuchara: Löffel
cuchillo: Messer

D

dátiles: Datteln
desayuno: Frühstück
dorada: Goldbrasse
dulce: süß

E

embutido: Wurst
empañadas: gefüllte Teigtaschen
ensalada: Salat
entremeses: Vorspeisen
escalope: Schnitzel
espinaca: Spinat
estofado: gedünstet

F

fino: trockener Sherry
fresas: Erdbeeren
frito: frittiert
fruta: Obst
frutas del mar: Meerestiere

G

gambas: Garnelen
garbanzos: Kichererbsen
gazpacho: kalte Gemüsesuppe
guisantes: Erbsen

H

habas: Bohnen
helado: Eis
huevo: Ei

J

jamón serrano: luftgetrockneter Schinken
judías: Bohnen

L

langosta: Languste
leche: Milch
lechuga: grüner Salat
legumbres: Gemüse
lenguado: Seezunge
lenteja: Linse
limón: Zitrone
limonada: Limonade

M

macedonia: Obstsalat
mantequilla: Butter
manzana: Apfel
mariscos: Meeresfrüchte
melocotón: Pfirsich
melón: Melone
merluza: Seehecht
mero: Zackenbarsch
menestra: Gemüseeintopf
miel: Honig

N

naranja: Orange
nata: Sahne
nueces: Walnüsse

O

ostras: Austern

P

paella: Reisgericht
pan: Brot
pastel: Kuchen
patatas: Kartoffeln
– *cocidas:* Salzkartoffeln
– *fritas:* Pommes frites
pato: Ente
pera: Birne
pescado: Fisch
pez espada: Schwertfisch
pimiento: Paprika
pina: Ananas
pollo: Huhn
postre: Nachspeise
puchero: Eintopf

Q

queso: Käse
– *blanco:* Schafs-, Ziegenkäse
quisquilla: Krabbe

R

rape: Seeteufel
riñones: Nieren

S

sal: Salz
salchichas: Würstchen
salmón: Lachs
seco: herb
sepia: Tintenfisch
seta: Pilz
sopa: Suppe

T

tarta: Kuchen
té: Tee
tenedor: Gabel
ternera: Kalbfleisch
tortilla francesa: Omelett
– *española:* Kartoffelomelett
trucha: Forelle

U

uva: Trauben

V

vaso: Glas
venado: Wild
vinagre: Essig
vino blanco: Weißwein
– *rosado:* Roséwein
– *tinto:* Rotwein
vino de la casa: Hauswein

Z

zanahorias: Mohrrüben
zumo: Saft

Kultur und Genuss

Der Patio de los Leones mit dem stilvollen Löwenbrunnen bildet das Zentrum des Palacio Real in der Alhambra von Granada (→ S. 166).

DIE PROVINZ ALMERÍA

Die östlichste der andalusischen Provinzen ist die trockenste Region ganz Spaniens. Regenfälle verzeichnet man hier nur an etwa 20 Tagen des Jahres, ihnen stehen rund 3000 Sonnenstunden jährlich gegenüber. Von diesen klimatischen Bedingungen profitiert nicht nur die Tourismusindustrie, sondern auch die Landwirtschaft zieht ihren Nutzen davon. Mit dem Anbau von Obst, Gemüse und Blumen trägt sie erheblich zur Wirtschaftskraft dieser Region bei.

Vielfältig zeigt sich die Landschaft von Almería: Heiße Winde aus Afrika haben ganze Landstriche ausgetrocknet und wüstenartige, von einzelnen Agaven und Zwergpalmen bewachsene Regionen geschaffen. Daneben erheben sich auf über 2000 Meter Höhe ansteigende Gebirgslandschaften wie die östlichen Alpujarras, die zwischen sich und dem Meer einen mehr als 200 Kilometer langen Küstenstreifen lassen. An diesem reihen sich die Ferienzentren aneinander, aber es bleibt auch Platz für weniger belebte Abschnitte, wie beispielsweise den Parque Nacional de Cabo de Gata (→ S. 51).

Die Lage am Meer und die reichen Erzvorkommen bildeten die Basis für die zivilisatorische Entwicklung der heutigen Provinz Almería. Die Ausgrabungen von Los Millares (→ S. 50) oder El Algar beweisen eindrucksvoll, dass die Region bereits in der Steinzeit und in der Bronzezeit besiedelt war.

Almería ■ F 3

Viele Touristen machen nur mit dem Flughafen der Provinzhauptstadt Bekanntschaft, um von dort aus in die umliegenden Ferienorte aufzubrechen. Dabei ist die Hafenstadt mit ihren rund 160 000 Einwohnern durchaus einen Besuch wert, auch wenn herausragende Sehenswürdigkeiten fehlen. Es ist die Verknüpfung von modernem Spanien und Resten afrikanischen Flairs, die zu einem Bummel einlädt.

Einen ungefähren Eindruck vom früheren Stadtbild Almerías vermittelt das Viertel La Chanca, das sich gleich unterhalb der Alcazaba mit würfelförmigen, teils weiß, teils farbig bemalten Häusern erstreckt.

Alcazaba und Kathedrale sind ohne Zweifel die bedeutendsten Bauwerke der Stadt. Besucher sollten aber auch einen Blick auf die Kirche Santiago (1553) werfen, deren wehrhaftem Baukörper Juan de Orea ein platareskes Portal angefügt hat.

Sehenswertes

Alcazaba
Auf einem 70 Meter hohen Felsen über der Stadt thront die maurische Festung, die bereits im Jahr 995 unter Abd ar-Rahman III. begonnen und in den folgenden Jahrhunderten weiter ausgebaut wurde. Die mächtigen Festungsmauern und Türme der Anlage sind erhalten. Mehrfach durch Erdbeben zerstört und wieder aufgebaut, ist vom einst prachtvollen Inneren der Anlage heute nur noch wenig erhalten.

Ein Teil des Festungsrings zieht sich durch das Tal bis zum Hügel San Cristobal.
Tgl. 10–14 und 17–20 Uhr; Eintritt frei

Catedral Nuestra Señora de la Encarnación
1524 begann Diego de Siloe, Schöpfer der Kathedrale von Granada, mit dem Bau dieses dreischiffigen Gotteshauses, aber erst im 18. Jahrhundert wurde die Kathedrale fertig gestellt. Auffallend ist die insgesamt festungsartige Gestaltung der Kirche mit vier massiven Türmen. Sie sollte die bis ins 18. Jahrhundert hinein anhaltenden Überfälle durch Piraten abwehren. Ihrer langen Bauzeit verdankt die Kathedrale das Nebeneinander verschiedener Stile. Dem gotischen Baukörper sind zwei Renaissanceportale von Juan de Orea vorgelegt; besonders beeindruckend ist das Hauptportal, das mit korinthischen Säulen und Skulpturen reich geschmückt ist. Im spätgotischen Inneren der Kathedrale befinden sich diverse barocke Altargemälde. Besondere Beachtung verdient das schöne platareske Chorgestühl aus dem 16. Jahrhundert.
Plaza Catedral; Mo–Fr 10–17 Uhr, Sa 10–13 Uhr

Der Mauerring der Alcazaba von Almería umfasst ein Gelände von 35 000 Quadratmetern.

Museen

Archäologisches Museum
Bis zur Fertigstellung des neuen Museums sind in der Biblioteca Francisco Villaespesa Funde aus der nahen vorgeschichtlichen Siedlung Los Millares (→ s. u.) ausgestellt.
C. Hermanos Machado; Di–Fr 9–14 Uhr, Sa 9.30–13.30 Uhr; Eintritt frei

Hotels/andere Unterkünfte

Hotel Torreluz
An der zentral gelegenen, belebten Plaza Flores liegt dieses modern eingerichtete Hotel. Nicht zu verwechseln mit dem ebenfalls auf der Plaza Flores eröffneten Hotel gleichen Namens, das zwar mehr Komfort bietet, aber auch weitaus teurer ist.
Plaza Flores 3, 04001 Almería; Tel. 9 50/23 43 99, Fax 9 50/28 14 28; 24 Zimmer ★★ AmEx EC DINERS VISA

Essen und Trinken

Bellavista MM
Das exquisite Restaurant liegt etwas außerhalb des Zentrums. Ein umfangreiches Weinangebot ergänzt ausgezeichnete Fischgerichte und die Spezialität des Hauses – »cabrito al andalus«, Zicklein auf andalusische Art.
C. Llanos de Alquián; Tel. 9 50/29 71 56; So abends und Mo geschl.
★★★ AmEx DINERS EC VISA

Allgemeine Informationen

Auskunft
Fremdenverkehrsbüro
Parque de Nicolás Salmerón/Ecke Martínez Campos; Tel. 9 50/27 43 55; Mo–Fr 9–19, Sa 9–13 Uhr

Ziel in der Umgebung

Los Millares ■ F 3

Auf einem Hügel über dem Río Andarax liegt die bedeutende Ausgrabungsstätte, nach der eine neolithische Kultur benannt wurde. Die Menschen, die hier etwa von 2700 bis 1800 v. Chr. siedelten, beherrschten die Kupferherstellung. Wohngebäude sind kaum erhalten, lediglich ein großer rechteckiger Bau, mög-

MERIAN-Tipp

Maurische Töpfertradition *Steil ansteigende und verwinkelte Gassen sowie die weißen, meist einstöckigen Häuser erinnern deutlich an die arabische Vergangenheit von Níjar, wenngleich die maurische Burg nur noch in Ruinen erhalten ist. Bekanntheit erlangte der Ort vor allem durch seine schönen Handwerksarbeiten. Lohnenswert ist der Besuch einer Keramikwerkstatt, denn die farbenfrohen Töpferwaren stehen ganz in der Tradition der Mauren. Aber auch Teppiche und Körbe aus Espartogras sowie in alten Holzöfen hergestellte Backwaren sind charakteristische Mitbringsel aus dem hübschen Ort.* ■ *F3*

licherweise ein Gemeinschaftshaus, wurde freigelegt. Außerhalb der Befestigungsmauern erstreckt sich die megalithische Nekropole, in der Dolmen mit Gang und kreisförmiger Grabkammer zu besichtigen sind.
Mi–Sa 9.30–14 und 16–18, So und an Feiertagen 9–14.30 Uhr; Eintritt frei

Laujar de Andarax ■ F2-3

Schon die Araber schätzten den kleinen Ort zwischen der Sierra Nevada und der Sierra de Gádor wegen seines angenehmen Klimas. Beachtung verdient die Casa Consistorial, das Rathaus mit seiner Fassade aus dem 18. Jahrhundert an der zentral gelegenen Plaza Mayor de la Alpujarra sowie die Iglesia de la Encarnación aus dem 16. Jahrhundert. Über ein Dutzend Quellen werden im Ort gezählt, und etwas außerhalb des Dorfes entspringt der Fluss Andarax. Wer die Alpujarras erkunden will (→ S. 96), wählt mit dem nur 2000 Einwohner zählenden Dorf einen optimalen Standort.

Parque Nacional de Cabo de Gata ■ FG 3

Für nicht wenige ist dieser Naturpark eines der schönsten Fleckchen an der spanischen Mittelmeerküste, sind der Bauwut durch Auflagen der Umweltbehörden hier doch enge Grenzen gesetzt. Das gesamte Gebiet ist vulkanischen Ursprungs und zählt zu den regenärmsten Regionen Europas. Während der Westen des Naturparks meist flach zum Meer ausläuft, dominiert an der südlichen Spitze und im Osten eine stark zerklüftete Felslandschaft, die zum Meer hin in steilen Klippen abfällt und von einzelnen Stränden und kleineren Buchten durchbrochen wird. Das Hinterland beherrscht eine rotbraune, karge, wüstenartige Hügellandschaft, in der nur wenige Pflanzen wie Mastixsträucher, Zwergpalmen und Agaven überleben können.

Touristisches Zentrum des Naturparks ist der im Osten gelegene Ort San José, der allerdings keineswegs mit den Betonburgen anderer Mittelmeerregionen zu vergleichen ist. Nur wenige Kilometer entfernt liegen herrliche Strände, wie die Playa de Monsul und die Playa los Genoveses. Bei Los Escullos blieben direkt oberhalb des Strandes Reste der alten Festung Castillo de San Fernando erhalten. Einige Kilometer abseits der Küste erstreckt sich die einstige Bergarbeitersiedlung Rodalquilar, wo neben Erzen auch nach Gold gesucht wurde; heute erinnert an diese Bemühungen nur noch eine industrielle Ruinenlandschaft.

Vélez Blanco ■ F2

Oberhalb des Ortes erhebt sich die gut erhaltene Burg Castillo de los Fajardos, die der italienische Baumeister Francesco Florentini 1506 nach italienischem Muster errichtete. Während die Alcazaba von Almería allein wehrhaften Charakter hat, wirkt das Castillo mit seinem polygonalen Grundriss und den abschließenden Zinnen eher verspielt.

DIE PROVINZ CÁDIZ

Die südlichste Provinz Spaniens ist reich an landschaftlichen und kulturhistorischen Sehenswürdigkeiten. Als einzige der spanischen Provinzen grenzt Cádiz an zwei Meere. Östlich von Tarifa ziehen sich entlang des Mittelmeers ausgedehnte Strände; westlich des südlichsten Punktes der Iberischen Halbinsel bildet die Costa de la Luz den Saum des Atlantiks.

Im Landesinneren erwarten den Besucher andere Reize. Wer

etwas über Sherry erfahren will – von der Verkostung in einer der »bodegas« (Kellereien) einmal ganz abgesehen –, für den gehört die Sherrystadt Jerez inmitten des berühmten Weinanbaugebietes zum Pflichtprogramm. Jerez, die mit dem Zu-

Die Kathedrale von Cádiz mit den beiden mächtigen Kuppeltürmen entstand zu Beginn des 18. Jahrhunderts und wurde erst Mitte des 19. Jahrhunderts vollendet (→ S. 56).

satz »de la Frontera« gekennzeichnete Stadt, diente wie viele andere einst als Grenzort zwischen christlichem und muslimischem Herrschaftsbereich.

Schon von weitem erkennbar sind die berühmten Pueblos Blancos, die sich ästhetisch in die Berglandschaft einfügen. Reste von Verteidigungsanlagen umgeben die historischen Zentren, in denen man durch verwinkelte Gassen spaziert und die dicht an dicht stehenden Häuser mit ihren schönen Innenhöfen bewundert. Zu den sehenswerten »Weißen Dörfern« zählen neben Arcos de la Frontera und Vejer de la Frontera auch Medina Sidonia, El Bosque, Grazalema, Zahara de la Sierra, Olvera, Setenil des las Bodegas, Jimena und Castellar de la Frontera.

Algeciras ■ C 3

Die meisten besuchen die Handels- und Industriestadt, um von hier aus in weniger als zwei Stunden dem Schwarzen Kontinent einen Besuch abzustatten. Täglich verkehren Schiffe zwischen Algeciras und dem marokkanischen Tanger sowie Ceuta, der spanischen Exklave in Marokko. Bedeutende Sehenswürdigkeiten hat diese maurische Gründung, die einst den Namen »Grüne Insel« trug, nicht zu bieten. Reizvoll ist die zentral gelegene Plaza Alta mit ihren farbenfroh gekachelten Bänken und dem Brunnen, der Szenen aus dem Leben Don Quijotes zeigt.

Arcos de la Frontera ■ C 3

Wie eine schwer einnehmbare Festung blickt die Stadt von einem steil aufragenden Hügel auf die Ebene des Río Guadalete. Schon in frühester Zeit siedelten Menschen auf diesem relativ sicheren Flecken Erde. Die Rückeroberung von den Mauren gelang denn auch erst im zweiten Versuch im Jahre 1264 durch Alfons X.

Im Zentrum des mittlerweile 25 000 Einwohner umfassenden Dorfes ist noch deutlich arabisches Flair spürbar, die weiß gekalkten Häuser verfügen nur über wenige Fenster, das Leben spielt sich in der Hauptsache auf den blumenübersäten Patios ab.

Die höchste Stelle des Ortes nimmt der Hauptplatz, die Plaza del Calbildo, auch Plaza de España genannt, ein. Der Aussichtspunkt, »mirador«, hoch über dem steilen Felsabgrund gewährt einen weiten Rundblick über die Ebene und den sich dahinschlängelnden Río Guadalete. Die Plaza de España wird von einer eindrucksvollen, jedoch in Privatbesitz befindlichen Festung beherrscht sowie von der Kirche Santa María de la Asunción. Der in seinen Ursprüngen westgotische Bau erhielt sein heutiges Aussehen im 16. bis 18. Jahrhundert. Die Barockfassade mündet in einen Uhrturm mit Keramikschmuck.

Die Handels- und Industriestadt Algeciras besitzt mit der Plaza Alta ein reizvolles Zentrum.

Eine Sitzfigur des hl. Petrus, Patrons von San Pedro in Arcos de la Frontera, schmückt die Fassade der Kirche.

Essen und Trinken

Parador de Turismo M
Auch wenn Sie nicht in diesem Hotel wohnen, können Sie hier eine ausgewählte regionale und internationale Küche genießen oder einfach nur zu einem Café einkehren. Die beeindruckende Aussicht ist es wert.
Plaza del Cabildo; 11630 Arcos de la Frontera; Tel. 9 56/70 05 00
★★★★ AmEx DINERS EC VISA

Cádiz ■ B 3

Stadtplan → S. 57
Die Provinzhauptstadt Cádiz rühmt sich damit, die älteste Stadt Europas zu sein. Vor mehr als 3000 Jahren gab es hier bereits eine Siedlung; um 1100 vor Christus gründeten die Phönizier Gadir, der Mythos allerdings schreibt die Gründung keinem Geringeren als Herkules zu.
Im Jahr 711 eroberten die Mauren die Stadt, mussten sie 1263 aber wieder an ihre christlichen Gegenspieler übergeben. Seine glanzvollste Epoche erlebte Cádiz ohne Zweifel nach der Entdeckung Amerikas und dem rasch zunehmenden Überseehandel. Nicht nur reich beladene Schiffe machten im Hafen der Stadt fest, durch die Handelsverbindungen in alle Welt hielten auch liberale geistige Strömungen Einzug – eine weltoffene Haltung wird den Bewohnern von Cádiz übrigens noch heute nachgesagt. Wer mehr über die Geschichte der Stadt erfahren möchte, begibt sich ins Museo Municipal in der Calle Santa Inés 9 (Di–Fr 9–13, 16–19 Uhr, Sa, So 9–13 Uhr, Eintritt frei).

Sehenswertes

Catedral ■ d 3
Der Grundstein für die Kathedrale wurde im Jahr 1720 gelegt, die Pläne stammen von Vicente de Acero. Aus Geldmangel konnte der Bau allerdings erst mehr als 100 Jahre später fertig gestellt werden. Während der langen Bauzeit erfolgte ein stilistischer Wechsel vom Barock zum Klassi-

Cádiz
0
210 m
Bahía de Cádiz
Puerto Comercial
Playa de la Caleta
Balneario de la Palma
Castillo de Santa Catalina
Castillo de San Sebastián
Baluarte del Bonete
Parador Hotel Atlántico
Parque del Genovés
Av. Dr. Gómez Ulla
Av. Carlos III
Av. Duque de Nájera
Puerta de la Caleta
El Faro
Santa Catalina
Campo del Sur
Catedral
Museo Catedralicio
Santa Cruz
Ayuntamiento
Pl. de San Juan de Dios
Playa Victoria
Puerta de Tierra
Plocia
Cuesta de las Calesas
Pl. de Sevilla
Estación
RENFE
Av. del Puerto
Paseo Canalejas
Av. Ramón de Carranza
Diputación
Pl. de España
Fernando El Católico
S. Germán
Honduras
Pl. Los Pozos de la Nieve
Pl. Argüelles
Antonio López
Museo de Cádiz
Pl. de la Mina
Alameda Apodaca
Baluarte de Candelária
Alameda Marqués de Comillas
Calderón de la Barca
A. de Castro
Bueno Aires
Vea Murguía
Pl. de San Antonio
Carmen
Gravina
Pl. del Mentidero
Ceballos
Hércules
Campillo de los Coches
Casa de Fragela
Gran Teatro de Falla
Sacramento
B. Pérez Galdós
F. Abarzuza
Dr. Marañón
Chile
San Rafael
Diego Arias
Rosa
Pl. Tío de la Tiza
Virgen de la Palma
San Félix
Pericón de Cádiz
Venezuela
Cardoso
Solano
Hospital de Mujeres
Torre
San José
San Lorenzo
Sagasta
María d. Arteaga
Pl. Cruz Verde
Cruz
Pasquín
Hospital del Carmen
San Felipe Neri
Museo Municipal
San Benjumeda
Cervantes
Ancha
Zorrilla
Cánovas
San Pedro
Sagasta
Torre Tavira
Mercado Municipal
Libertad
Garaicochea
Arbolí
Pl. Topete
J. de Burgos
Nicaragua
Pl. Candelaria
Compañía
San Juan
Pl. Catedral
Pelota
Mendizábal
Columela
J. del Toro
Rosario
C. San Francisco
Santa Cueva
Calle
B. D. de Cádiz
Sagasta del Castillo
©MERIAN-Kartographie

zismus, der bereits in der Zweiturmfassade augenfällig wird; sie ist ein im Jahr 1789 vollendetes Werk Manuel de Machucas. Kolossal wirkt der dreischiffige Innenraum mit seiner knapp über 50 Meter hohen Kuppel und den mächtigen Pfeilern, denen korinthische Säulen vorgelagert sind. Gemälde aus der Schule von Sevilla, darunter Bilder von Zurbarán und Murillo, schmücken die Kapellen der Kathedrale. In der Krypta ruhen die Gebeine des Komponisten Manuel de Falla (1876–1946), des wohl berühmtesten Sohnes der Stadt.
Plaza Catedral; Di–Sa 10–12.30 Uhr

Oratorio de San Felipe Neri ■ c 2

Der ovale Bau aus dem 17. Jahrhundert birgt am Rokoko-Hochaltar das Bild »Unbefleckte Empfängnis« von Murillo sowie ein Terrakotta-Bildnis Johannes des Täufers von Pedro Roldán.
C. Santa Inés; tgl. 8.30–10 und 19.30–22 Uhr

Oratorio de Santa Cueva ■ d 2

In diesem ovalen Kirchenbau aus dem 18. Jahrhundert finden sich drei Arbeiten des Malers Francisco Goya, der sich eine Zeit lang in der Stadt aufgehalten hatte: »Die Brotvermehrung«, »Das Abendmahl« und »Das Gleichnis vom Gast ohne Hochzeitskleid«.
C. Rosario; Mo–Fr 10–13 Uhr

Museen

Museo de Cádiz ■ d 2

Das Museum ist in drei Abteilungen gegliedert: Volkskunde, Archäologie und Schöne Künste. In letzterer finden Sie eine der beeindruckendsten Gemäldesammlungen Andalusiens mit Werken von Peter Paul Rubens, José Ribera, Bartolomé Esteban Murillo und Luis Morales. Besonders sehenswert sind die Bilder von Francisco de Zurbarán, die im ersten Stock des Hauses ausgestellt werden.
Plaza de Mina; Di 14–20, Mi–Sa 9–20, So 9.30–14.30 Uhr; Eintritt für EU-Bürger gratis

MERIAN-Tipp

Blick nach draußen *Von der Torre Tavira genießt man einen herrlichen Blick über Stadt und Meer. Der barocke Turm des 18. Jahrhunderts war zunächst Teil eines Palastes und wurde 1778 zum offiziellen Wachturm der Stadt erklärt. Heute werden hier wechselnde Ausstellungen gezeigt. Doch ist er vor allem aus einem Grund den Besuch wert: Hier ist eine Camera obscura installiert. Diese optische Vorrichtung projiziert mit Hilfe von Spiegeln Szenen der Außenwelt auf eine Leinwand. Ein Prinzip, das schon zu Zeiten Leonardo da Vincis beispielsweise für die perspektivisch richtige Darstellung genutzt wurde (Marqués del Real Tesoro; 15. Juni–15. Sept. tgl. 10–20 Uhr, 16. Sept.–14. Juni 10–18 Uhr).* ■ *c 2*

Hotels/andere Unterkünfte

Parador Hotel Atlántico M ■ a1/b1
Ein modernes Gebäude am Meer beim Parque del Genovés mit dem bei Paradores üblichen hohen Standard, auch was das angeschlossene Restaurant betrifft. Man kann von hier aus bequem die Altstadt zu Fuß durchstreifen.
Avenida Duque de Nájera 9, 11005 Cádiz; Tel. 9 56/22 69 05, Fax 21 45 82; 149 Zimmer ★★★
AmEx DINERS EC VISA

Essen und Trinken

El Faro MMM ■ b 3
Das wohl beste Restaurant der Stadt. Es weiß vor allem mit exquisiten Fischgerichten und Meeresfrüchten aufzuwarten. Preisgünstig dagegen sind die Tapas mit Meeresfrüchten in der angeschlossenen Bar.
C. San Félix 15; Tel. 956 21 10 68; ★★★ AmEx EC VISA

Allgemeine Informationen

Auskunft
Oficina de Turismo ■ d 1
Calderón de la Barca 1; Tel. 9 56/21 13 13, Fax 22 84 71

Ziel in der Umgebung

El Puerto de Santa María ■ B 3

Ein Bummel durch die typisch andalusische Altstadt führt zum zentral gelegenen Castillo San Marcos aus dem 12. Jahrhundert und zur Iglesia Mayor Prioral, die im 13. Jahrhundert von Alfons X. gestiftet wurde. Im Innenraum wird das Bildnis der Stadtheiligen, der Virgen de los Milagros, aufbewahrt. Der Legende nach soll die Madonna Alfons X. während der Belagerung der in maurischer Hand befindlichen Stadt den Sieg verheißen haben.

Chipiona ■ B 3

Schon Ende des letzten Jahrhunderts war Chipiona ein Bade- und Kurort, und auch heute noch verbringen vor allem Spanier hier ihren Urlaub. Sie genießen die schönen Sandstrände entlang der Küste, die man außerhalb der Saison nur mit wenigen Besuchern teilen muss. Einen schönen Blick gewährt der Leuchtturm.

Conil de la Frontera ■ B 3

Das einstige Fischerdorf und mittlerweile 15 000 Seelen zählende Städtchen verzeichnet zunehmende Touristenzahlen, doch noch bewahrt die Innenstadt mit ihren netten Cafés, Bars und Restaurants ihren beschaulichen Charakter. Conil de la Frontera, das auch von vielen Sprachschülern frequentiert wird, gehört zu den schönsten Städten der Region.

Wer sich in den Wellen des Atlantik erfrischen möchte, hat dazu an den feinen Sandstränden, die sich mit einer Gesamtlänge von 14 Kilometern beiderseits des Städtchens erstrecken, ausreichend Gelegenheit.

Ziel in der Umgebung

Cabo de Trafalgar ■ B 3

Ein Leuchtturm markiert das Kap, lange Sandstrände ringsherum laden zu ausgiebigen Strandspaziergängen ein. Wer will, kann von hier aus über den Strandort El Palmar bis nach Conil de la Frontera wandern. Die Region selbst ist von geschichtsträchtiger Bedeutung: Hier fand am 21. Oktober 1805 die berühmte Seeschlacht zwischen der englischen und der französisch-spanischen Flotte statt.

Jerez de la Frontera ■ B 3

Pferde, Flamenco und natürlich Sherry – dieses Dreigestirn steht für die mit knapp 200 000 Einwohnern größte Stadt der Provinz Cádiz. Die schon von Shakespeare geschätzten Weine der Region rund um Jerez bilden auch heute noch ein wirtschaftliches Standbein dieser Gegend. In zahlreichen Bodegas können Sie sich – häufig nach Voranmeldung – über den Herstellungs- und Reifungsprozess des Sherry informieren und natürlich von der Qualität des hochprozentigen Produktes überzeugen. Nicht unbedeutend sind einige Gebäude, in denen die Bodegas, die »Kathedralen des Sherry«, eingezogen sind. Kein Geringerer als Gustave Eiffel, der Architekt des Pariser Wahrzeichens, war beispielsweise am Bau der berühmten Kellerei von González Byass beteiligt.

Kein hektisches Touristenzentrum: Conil de la Frontera (→ S. 59).

Turbulent geht es in Jerez de la Frontera während der zahlreichen alljährlich stattfindenden Feste zu. Die Fiesta de la Vendimia im September steht ganz im Zeichen des Weines, während Pferdeliebhaber in der ersten Maihälfte mit Wettkämpfen, Musik und Tanz die Feria del Caballo feiern.

Dass Jerez auch eine Stadt des Flamenco ist, erfahren Sie in der Fundación Andaluza de Flamenco, die sich ganz dem feurigen Tanz widmet (Plaza de San Juan 1, Mo–Fr 9.30–14 Uhr, Eintritt frei).

Flamenco live erleben Sie einer der vielen Flamenco-Bars. Auskünfte erteilt das Tourismusbüro (→ S. 62).

Der berühmte Pferdemarkt in Jerez ist verbunden mit einer Feria, für die sich Tiere und Menschen festlich schmücken.

Sehenswertes

Alcázar

Der Alcázar, die auf das 11. Jahrhundert zurückgehende Festung der Almohaden, erfuhr im Lauf seiner Geschichte zahlreiche Umbauten und Restaurierungen. An die maurischen Erbauer erinnern Reste arabischer Bäder sowie die Capilla de las Conchas.
Puerto de Armas; Mo–Fr 10–14 und 16–18 Uhr, Sa 10–14 Uhr; Eintritt frei

Colegiata de San Salvador

Eine eindrucksvolle Freitreppe mit Balustrade führt zur Stiftskirche, die im 13. Jahrhundert begonnen, im 18. Jahrhundert aber umgebaut wurde. Beachtung verdienen neben der Freitreppe vor dem Westportal das beeindruckende Strebesystem und der freistehende Glockenturm, der Züge von Gotik und Mudéjar gleichermaßen auf-

weist. Kunstfreunde können im fünfschiffigen Innenraum das Gemälde »Virgen niña« bewundern, das Zurbarán zugeschrieben wird. Die Darstellung zeigt Maria als Kind.
Plaza de la Encarnación; Nur sonntags geöffnet

Real Escuela Andaluza del Arte Ecuestre
Pferdezucht und Reitkunst haben in Jerez eine lange Tradition. Seit dem 14. Jahrhundert züchteten Kartäusermönche hier erfolgreich die weltweit geschätzten andalusischen Pferde, und die Großgrundbesitzer taten sich in der Reitkunst hervor. Pferdefreunde sollten einen Besuch der Königlich-Andalusischen Reitschule einplanen, in der mehr als 80 reinrassige Pferde dressiert werden. Bei den donnerstags stattfindenden Vorführungen zeigen Pferd und Reiter ihr Können.
Avenida Duque de Abrantes; Training: Mo, Mi, und Fr 11–13 Uhr; Vorführungen: Frühjahr bis Herbst Do 12 Uhr

San Miguel
Mit dem Bau der dreischiffigen Kirche begann man um die Mitte des 15. Jahrhunderts, fertig gestellt wurde das Gotteshaus hundert Jahre später. Vor allem das spätgotische Portal an der Südfassade ist ein gutes Beispiel für den Isabellinischen Stil. Sehenswert auch das Retabel des Hochaltars, ein Werk von Martinez Montañés und José de Arce. Das Bild »Divino Rostro« in der Capilla del Pavón wird Zurbarán zugeschrieben.
Plaza San Miguel

Museen

Museo Arqueológico
Jerez, von den Tartessern gegründet und später von Phöniziern, Römern und Arabern bewohnt, hat noch einige steinerne Spuren seiner Geschichte bewahrt. Nicht zuletzt im Archäologischen Museum, dessen Stolz ein griechischer Bronzehelm aus dem 7. Jahrhundert v. Chr. ist.
Plaza del Mercado; Di–Fr 10–14 und 16-19, Sa, So 10–14.30 Uhr

Museo de Relojes
Eine Besonderheit stellt das Uhrenmuseum der Stadt dar, in dem mehr als 300 antike Uhren ausgestellt werden. Das Museum zählt damit zu den weltweit größten seiner Art.
C. Cervantes; Mo–Sa 10–14 Uhr

Essen und Trinken

Gaitán M
Das Restaurant verwöhnt seine Gäste mit baskischer und andalusischer Küche, darunter gute, aber teure Fischgerichte. Wer nicht ganz so tief ins Portemonnaie greifen möchte, lässt sich eines der preiswerteren Tagesgerichte schmecken.
C. Gaitán 3; Tel. 956/345859; So abend geschl. ★★★ AmEx EC VISA

Allgemeine Informationen

Auskunft
Oficina de Turismo
Larga 39; Tel. 956/331162, Fax 331731

THEMA: Die Kunst der Sherry-Herstellung

Das Herz des Sherry-Landes liegt zwischen Jerez, Sanlúcar de Barrameda und Puerto de Santa María und wird auch Jerez Superior genannt. Hier bestehen große Teile des Anbaugebietes aus mit Kreide durchsetztem Lehmboden, der stark wasserbindende Eigenschaften aufweist und somit auch in der sommerlichen Hitze nicht so schnell austrocknet. Darüber hinaus reflektiert der Boden die Hitze so stark, dass die Trauben wie in einem Backofen heranwachsen.

Sherry-Weine werden hauptsächlich aus Trauben der Rebsorten Palomino und – seltener – Pedro Ximénes gewonnen. Die Einzigartigkeit des Geschmacks ist jedoch auch auf die Besonderheiten des Herstellungsprozesses zurückzuführen. Der Sherry gärt in nicht ganz gefüllten Eichenfässern. Sehr schnell bildet sich auf dem Wein eine dicke Hefeschicht (Florschicht), die ihn nicht nur gegen die Oxidation der Luft schützt, sondern ihm auch sein spezifisches Bukett verleiht. Für die gleich bleibende Qualität ist das so genannte Solera-System verantwortlich, das aus einer Reihe von bis zu fünf übereinandergelagerten Fässern besteht. Im obersten Fass befindet sich der jüngste Wein, im untersten der älteste. Letzterer wird in Flaschen abgefüllt, doch leert man das Fass nur zum Teil und füllt es mit Wein aus der nächstoberen Reihe auf. So übernimmt der jüngere Sherry jeweils den Charakter des älteren – gleich bleibende Qualität ist garantiert.

Man unterscheidet zwei Grundsorten von Sherry: Fino und Oloroso. Finos sind leichte, helle, herb-trockene Weine; zu ihnen zählt auch der Amontillado, ein etwas weicherer, dunklerer und sehr geschmacksintensiver Wein, sowie der zartbittere Manzanilla. Oloroso ist ein vollmundiger, körperreicher Wein, dessen Geschmack an Walnüsse erinnert.

Schon im Mittelalter genoss Sherry – eine Anglisierung seines Herkunftsortes Jerez – hohe Wertschätzung; Shakespeare liebte den edlen Wein ebenso wie Königin Victoria.

Ziel in der Umgebung

La Cartuja ■ B 3

Etwas außerhalb der Stadt Jerez ist das berühmte Kartäuserkloster Santa María de la Defensión besichtigenswert. Der Komplex, der im 15. Jahrhundert begonnen wurde, beeindruckt durch sein monumentales Klosterportal (1571) von Jerezano Andrés de Ribera. Die Klosterkirche wurde in den Jahren 1478 bis 1534 hochgeführt und mit zwei schönen gotischen Kreuzgängen versehen. Die berühmten Mönchsbilder Zurbaráns, die einst den Altar der Klosterkirche schmückten, befinden sich heute im Museo de Cádiz (→ S. 58). Die Mönche der Klosters erlangten weltweite Bekanntheit durch die Zucht der so genannten »Kartäuserhengste«.
Ca. 5 Kilometer Richtung Medina Sidonia

Medina Sidonia ■ C 3

Ähnlich wie das nicht weit entfernte Arcos de la Frontera liegt auch dieses Pueblo Blanco auf einem Hügel. Bereits die Phönizier wählten die exponierte Stelle für eine Niederlassung. Später herrschten hier die Herzöge von Medina-Sidonia, die Wohlstand und Adelstitel ihrem Vorfahren Guzmán el Bueno verdanken. Er hatte sich bei der Einnahme von Tarifa hervorgetan und wurde dafür entsprechend belohnt.

Neben Resten der alten Stadtmauer und dem Arco de la Pastora, Teil der arabischen Festungsanlage, ist die alles beherrschende gotische Kirche

Die Stiftskirche Colegiata de San Salvador wird von einer mächtigen barocken Kuppel gekrönt.

Santa María de la Corona von Interesse: Die Gestaltung ihres Innenraums markiert den Übergang von der Gotik zur Renaissance.

Etwa 7 Kilometer außerhalb von Medina Sidonia liegt die Höhle Tajo des las Figuras mit einfachen Felszeichnungen aus der Kupferzeit (3. Jahrtausend v. Chr.).

Olvera ■ C 3

Olvera gehört zu den schönsten Weißen Dörfern, auch wenn es etwas abseits der großen Touristenrouten liegt. Maurisches Ambiente prägt immer noch den Ort mit seinen häufig vergitterten Fenstern, hoch über den Häusern thront die Ruine einer maurischen Burg aus dem 12. Jahrhundert neben der Dekanatskirche La Encarnación aus dem 19. Jahrhundert.

Parque Natural Los Alcornocales ■ C 3

An der Südspitze der Provinz Cádiz wurde einer der schönsten und besterhaltenen Korkeichenwälder Spaniens unter Schutz gestellt. Neben Korkeichen gedeihen hier noch zahlreiche andere Baumarten, wie verschiedene Eichen und auch wilde Ölbäume. Südlich des Naturparks stößt man auf die so genannten »canutos«, kleine Täler mit feuchtwarmem Klima und tropischer Vegetation. Unter den hier anzutreffenden Tierarten sind neben Fischottern vor allem die stolzen Herren der Lüfte, Königs- und Steinadler, hervorzuheben.

Innerhalb des Naturparks liegt der Ort Castellar de la Frontera auf dem steinigen Gipfel

Die Iglesia Mayor und die arabische Burg überragen das Pueblo Blanco Olvera.

eines Berges oberhalb des Stausees von Guadarranque. Ein Spaziergang durch die Gassen, vorbei an den Resten einer mächtigen Befestigungsanlage aus dem 13. Jahrhundert, lohnt auf jeden Fall, und sogar ein nettes Restaurant lädt zum Essen ein.

Ebenso beliebt bei Ausflüglern ist der Ort Jimena de la Frontera, dessen Kern unter Denkmalschutz gestellt wurde. Von der teilweise verfallenen Burg, einem ehemals römisch-arabischen Kastell, reicht der Blick auf die umliegende Landschaft bis zum Felsen von Gibraltar. Durch die teilweise steil absteigenden Gassen gelangt man zum Dorfplatz, dessen mit Kacheln besetzte Mauer ländliche und geschichtliche Motive zeigt.

Hotels/andere Unterkünfte

Rancho Los Lobos M
Etwa 2 Kilometer außerhalb Jimena de la Frontera liegt dieses renovierte Bauernhaus in der Hügellandschaft des Naturparks Los Alcornocales. Es wird von dem Wiener Ehepaar Ester und Wolf Zistler sehr engagiert geführt. Eigener Reitstall und Vermietung von Mountainbikes.
11339 Estación de Jimena de la Frontera; Tel. 956/64 04 29, Fax 64 11 80; 9 Zimmer ★★

Sanlúcar de Barrameda

■ B 3

Der Ort an der Mündung des Quadalquivir war wegen seiner verkehrsgünstigen Lage bereits zu römischer Zeit besiedelt. Seine Blüte erlebte Sanlúcar de Barrameda zur Zeit der großen Entdeckungsfahrten. 1498 setzte Kolumbus hier die Segel für seine dritte Reise nach »Las Indias«, wie man das spanischdominierte Amerika damals nannte, und im Jahre 1519 startete Fernão de Magalhães (Magellan, 1480 bis 1521) zur ersten Weltumsegelung. Noch heute beweisen architektonische Reste die einstige Bedeutung des kleinen Hafenortes. So das Castillo de Santiago (15. Jh.) und die Kirche Nuestra Señora de la O, deren Mudéjarportal aus dem 16. Jahrhundert stammt, oder der vornehme Palast der Herzöge von Medina Sidonia aus dem 15. Jahrhundert.

Heute ist Sanlúcar vor allem als Zentrum des Manzanilla-Anbaus bekannt. Manzanilla ist ein dem Sherry zugerechneter weicher Fino, mit relativ niedrigem Alkoholgehalt (14 %Vol.)

Von Sanlúcar aus starten Ausflugsboote in den Naturpark Coto de Doñana (→ S. 104) mit seiner einzigartigen Tier- und Pflanzenwelt. Ein besonderes Erlebnis sind auch die Pferderennen, die im Sommer auf den lang gestreckten Stränden veranstaltet werden.

Setenil

■ C 3

Malerisch erstreckt sich das Weiße Dorf entlang des gleichnamigen Flusses. Die Besonderheit des Ortes sind in den Fels gebaute Wohnhäuser. Felsüberhänge nutzte man dabei als Dächer und fügte Seitenwände sowie Fassaden an. Von einem maurischen Kastell sind nur noch Ruinen vorhanden.

Sierra de Grazalema ■ C 3

Der Naturpark Sierra de Grazalema erstreckt sich im äußersten Nordosten der Provinz Cádiz. Mit einer durchschnittlichen Niederschlagsmenge von 2000 Millimetern pro Jahr zählt er zum regenreichsten Gebiet Spaniens, auch wenn sich die Niederschläge auf die Wintermonate konzentrieren. In dieser Region ist eine bedeutende Kolonie von Mönchsgeiern beheimatet, darüber hinaus sind auch Stein-, Königs- und Fischadler anzutreffen. Neben den Eichenwäldern und Johannisbrotbäumen ist der Pinsapo-Wald hervorzuheben, eine Edeltannenart, deren Spur man bis in das Tertiär zurückverfolgen kann. Informationen über Wandermöglichkeiten im Naturpark, der nicht überall und nicht jederzeit zugänglich ist, erhält man in El Bosque, einem Dorf am Rande der Sierra de Grazalema.

In strahlendem Weiß präsentiert sich der kleine Ort Grazalema, der für seine handgewebten Teppiche und Ponchos bekannt ist. Die vornehmlich aus Schafswolle hergestellten Produkte können Sie natürlich im Dorf kaufen. Lederwaren erstehen Sie am besten in Ubrique. Weiße Hausfassaden prägen auch hier das Ortsbild.

Schroff aufragende Felsen, grüne Hänge und hübsche Dörfer kennzeichnen die Sierra de Grazalema, die niederschlagsreichste Region Spaniens.

Schon von weitem sichtbar überragen die Reste des alten Kastells aus dem 12. Jahrhundert den Ort Zahara de la Sierra. Von der ehemaligen Grenzfeste gegen das Königreich Granada genießt man einen herrlichen Rundblick. Bei einem Spaziergang durch den denkmalgeschützten Ortskern fallen mehrere ehemalige Adelspaläste auf sowie die barocke Kirche Iglesia de Santa María de la Mesa aus dem 18. Jahrhundert. Wer Erfrischung sucht, fährt von hier aus zum wenige Kilometer entfernten Stausee Pantano de Zahara. Bei ausreichendem Wasserstand können Sie hier baden.

Hotels/andere Unterkünfte

Las Truchas
Das Quartier am Rande der Sierra de Grazalema eignet sich hervorragend zur Erkundung des Naturparks auf Schusters Rappen. Nicht selten finden sich hier auch Drachenflieger ein, die ein thermisch begünstigtes Revier vorfinden. Im angeschlossenen Restaurant sollten Sie Forellen probieren – sie gaben dem Hotel seinen Namen.
Avenida de la Diputación, 11670 El Bosque; Tel. 9 56/71 60 61, Fax 71 60 86; 24 Zimmer ★★ EC VISA

Tarifa ■ C 3

An manchen Tagen scheint Afrika zum Greifen nahe, sind es doch von hier aus nur knapp 14 Kilometer zum Schwarzen Kontinent. Die kurze Distanz zu Afrika ist ein wesentlicher Grund für die recht frühe Besiedlung des südlichsten Punktes Europas durch Phönizier und Iberer. Im Jahre 710 setzten Araber und Berber über die Meerenge, um die Eroberungen der Iberischen Halbinsel vorzubereiten. Tarifas Name erinnert denn auch an den Mauren Tarif Ben Malik, der zu diesem »Vortrupp« gehörte.

Hier, wo Mittelmeer und Atlantik zusammentreffen, liegt heute das Eldorado versierter Windsurfer. El Levante und El Poniente, die hier vorherrschenden Winde, blasen die Surfer mit Hochgeschwindigkeiten über das Meer. Weniger empfehlenswert ist der Küstenstreifen für Sonnenanbeter, denn der Wind bläst hier häufig so heftig, dass aufgepeitschter Sand Schmerzen auf der Haut verursacht. Nordwestlich des Hafens beginnt ein 10 Kilometer langer Sandstrand mit mehreren Unterkunftsmöglichkeiten und Verleihstationen für Surfbretter. Das alte Stadttor Puerta de Jerez weist den Weg in den behaglichen Ortskern, dessen Gassen mit den zahlreichen Geschäften, Cafés und Restaurants noch immer arabisches Flair verströmen. Einen Blick auf Afrika gewährt der »mirador«, ein Aussichtspunkt, der nicht weit von der Plaza de Santa María entfernt ist.

Sehenswertes

Castillo de Guzmán el Bueno
Die Burg von Tarifa wurde im 10. Jahrhundert von den Mauren errichtet und im Jahre 1292 von den Christen erobert; zwei Jahre später konnte sie gegen einen Angriff der Mauren verteidigt werden. Das neben der Festung liegende kleine Museum zeigt archäologische Funde aus der Region ebenso wie Produkte des örtlichen Handwerks (Mo–Fr 10 bis 13.30 Uhr, Eintritt 1,20 €).
Di–So 10–13.30 und 17–20 Uhr; Eintritt 250 Ptas.

Hotels/andere Unterkünfte

Apartamentos Las Flores
Ein blühender Garten umschließt diese Apartmentanlage.
Torrejor 8, Ctra. a Cádiz, Kilometer 77,0, 11380 Tarifa; Tel./Fax 956/681553; 9 Apartments mit Küche
★★ EC VISA

Ziel in der Umgebung

Bolonia ■ C 3

Die lange Bucht von Bolonia mit ihrer eindrucksvollen Dünenlandschaft ist wirklich vom Feinsten. Wer sich hier für einige Zeit entspannen will, findet in der Nähe mehrere Pensionen und Restaurants. Gleich hinter dem Sandstrand erwartet den Reisenden Kultur. Hier liegen die Reste der römischen Siedlung Baelo Claudia, die im 2. Jahrhundert gegründet und nach Kaiser Claudius benannt wurde. In diesem Ort verarbeitete man unter anderem Tunfisch, der dann als gesalzene Paste, »garum« genannt, ins ganze Römische Reich verschickt wurde. Bisher konnten die Archäologen Reste eines Tempels, des Marktes, eines kleinen Theaters, Thermen und diverser anderer Gebäude bestimmen. Die Überbleibsel der »Fischfabrik« liegen in Strandnähe (Mo geschl., Eintritt für EU-Bürger frei).

Vejer de la Frontera ■ C 3

Etwa 10 Kilometer vom Meer entfernt drängen sich die Häuser dieses Weißen Dorfes auf einer Bergkuppe. Besucher, die aus Tarifa kommen, nehmen die zweite Abfahrt und stellen ihre Autos etwas außerhalb ab. Unverkennbar ist die maurische Vergangenheit des malerischen Zentrums. Weiß gekalkte Fassaden, Reste alter Tore und Stadtmauern prägen die Altstadt.

Neben der arabisch-gotischen Kirche Divino Salvador, die im 13. Jahrhundert auf den Resten einer Moschee errichtet wurde, und dem Kastell ist die nette Plaza de España mit ihrem kachelverzierten Brunnen einen Besuch wert, hier wurden früher sogar Stierkämpfe abgehalten.

Hotels/andere Unterkünfte

Convento de San Francisco
Klösterliche Atmosphäre verleiht diesem Hotel seinen besonderen Charme.
La Plazuela, 11150 Vejer de la Frontera; Tel. 956/451001, Fax 451004; 25 Zimmer ★★
AmEx DINERS EC VISA

DIE PROVINZ CÓRDOBA

Lebensquelle der nördlichen Provinz Andalusiens ist der Guadalquivir. Der Fluss entspringt in der Sierra de Cazorla, durchfließt die Provinz in Ost-West-Richtung und teilt sie in zwei deutlich abzugrenzende Landschaften: Im Norden steigen die Berge der Sierra Morena an, die mit Dörfern, Viehweiden und Steineichenwäldern durchsetzt sind. Im Süden weitet sich eine fruchtbare Ebene, die in eine

Gebirgslandschaft mit kleinen Orten übergeht.

Bedeutendstes touristisches Ziel der Provinz Córdoba ist zweifelsohne die gleichnamige Provinzhauptstadt mit der Moschee-Kathedrale Mezquita.

Blick in den Säulenwald der Mezquita. Die UNESCO hat das Gebäude zum Weltkulturerbe erklärt.

Córdoba ■ D2

Stadtplan → S. 73
Zur höchsten Blüte gelangte die Stadt unter den Mauren. Mit den muslimischen Herrschern wurde Córdoba unter Abd ar-Rahman I. ab 756 Hauptstadt eines unabhängigen Emirats. 929 erklärte sich Abd ar-Rahman III. zum Kalifen und damit zum Nachfolger Mohammeds. In dieser Zeit des von Bagdad unabhängigen Kalifats, das bis 1031 andauerte, war Córdoba eine der größten Städte Europas, größer als das damalige Rom oder Paris. Die Einwohnerzahl dürfte mehr als 100 000 betragen haben, Hunderte von Moscheen, Schulen und Hochschulen fanden innerhalb der Mauern Platz. Córdoba verfügte über eine Kanalisation, öffentliche Bäder dienten der Hygiene. Nachdem das Kalifat in kleinere Königreiche zerfallen war, erlangte Córdoba im 12. Jahrhundert noch einmal eine Zeit der geistigen Blüte. Hier wirkten der Philosoph und Mediziner Averröes, ein Mittler des aristotelischen Gedankenguts, sowie der jüdische Arzt und Philosoph Moses Maimónides, der durch seinen Versuch, Glauben und Vernunft zu verknüpfen, bekannt wurde. Córdoba war ein Schmelztiegel der Religionen und des Wissens der damaligen Welt; Christen, Juden und Moslems lebten hier neben- und miteinander.

Sehenswertes

Alcázar de los Reyes Cristianos ■ ab 4

Die königliche Residenz wurde 1328 von Alfons XI. unweit des Guadalquivir erbaut. Während des Krieges mit dem maurischen Granada residierten hier die Katholischen Könige. Mehr als 300 Jahre lang führte die Inquisition von hier aus ihr Schreckensregiment, danach diente der Bau eine Zeit lang als Gefängnis. In dem mehrmals umgestalteten Kastell ist heute ein archäologisches Museum untergebracht. Eher heiter und verspielt geben sich demgegenüber die angeschlossenen Gartenanlagen mit ihren an maurische Vorbilder anknüpfenden Wasserspielen.
C. Caballerizas Reales; Di–Sa 10–14 und 18–20 Uhr, So und an Feiertagen 9.30–15 Uhr; Eintritt 3 €

Judería ■ ab 3
(Jüdisches Viertel)

Unmittelbar an der Mezquita bis hin zum Almodóvar-Tor erstreckt sich das Gassengewirr des ehemaligen Jüdischen Viertels, das trotz zahlreicher Souvenirgeschäfte und vielen Touristengruppen einiges an Charme bewahren konnte und zum Bummeln einlädt. Von kurzen Phasen fanatischer Sekten abgesehen, wurde den Juden unter maurischer Herrschaft weitaus mehr Toleranz entgegengebracht, als dies später unter christlicher Herrschaft der Fall war. Nach jahrelanger Verfolgung wurden Juden 1492 endgültig vertrieben oder mussten sich zwangstaufen lassen, was sie allerdings nicht vor der Inquisition bewahrte. In diesem Viertel liegt auch eine der letzten erhaltenen Synagogen Andalusiens. Errichtet im 14. Jahrhundert in mudéjarem Stil, diente sie nach der Vertreibung der Juden als Hospital für psychisch Kranke (Calle Júdios, Di–Sa 10–13.30 und 15.30–17.30 Uhr, So und an Feiertagen 10–13.30 Uhr). Ein paar Schritte entfernt liegt der Zoco municipal de Artesanía, ein kleiner Kunsthandwerkermarkt mit netten Hinterhöfen. Maurische Wohnkultur des 12. Jahrhunderts wird im Haus Nummer 12 der Calle Júdios lebendig. Patio und Brunnen versetzen den Besucher in die Zeit der Kalifen.

Mezquita ■ b 3-4
Karte → S. 75
Neben der Alhambra in Granada ist die Mezquita von Córdoba ohne Zweifel der kunstgeschichtliche Höhepunkt jedes Andalusienaufenthalts – und das nicht nur als Meilenstein der mittelalterlichen Baugeschichte, sondern auch als einzigartiges architektonisches Miteinander von Moschee und Kathedrale.

Unter den Westgoten erhob sich hier eine dem hl. Vinzenz geweihte Kirche. Nachdem die Mauren Córdoba eingenommen hatten, wurde der Kirchenbau von beiden Religionen gleichermaßen genutzt, durchaus keine Seltenheit in der damaligen muslimischen Welt. Wegen der zunehmenden Erweiterung der muslimischen Gemeinde einigte man sich mit den Christen über den Verkauf der Kirche. Nach Abriss des Gotteshauses entstand unter Abd ar-Rahman I. ab 785 die erste Moschee mit elf Schiffen, in den kommenden 200 Jahren sollten drei Erweiterungen folgen. Der zweite Bauabschnitt, eine Verlängerung nach Süden, wurde unter Abd ar-Rahman II. (821–852) durchgeführt. Al-Hakem II. (961–976) ließ die Moschee nochmals in südlicher Richtung (3. Bauabschnitt) erweitern, und die letzte Vergrößerung erfolgte unter Almansor, diesmal in östlicher Richtung. Im Jahre 1009 belegten Moschee und Hof mit 175 Metern Länge und 130 Metern Breite ihre heutige Grundfläche.

Die Bewunderung der christlichen Eroberer war der Mezquita zunächst gewiss. Doch Anfang des 16. Jahrhunderts beschloss der Klerus gegen den heftigen Widerstand der Bevölkerung, eine repräsentative Kathedrale in die Moschee zu bauen. Eine Entscheidung, die nicht nur unter kunstgeschichtlichen Aspekten als Akt der Barbarei bezeichnet werden muss. Ein Teil der Moschee fiel der Kathedrale zum Opfer, die wie ein Fremdkörper den muslimischen Bau durchbricht und ihn seines einzigartigen harmonischen Charakters beraubt.

Das große Rechteck der Moschee wird von einer mächtigen zinnenbewehrten Mauer von 12 Meter Höhe umschlossen, von den einst 21 Toren sind noch 19 erhalten. Den Haupteingang bildet die Puerta del Perdón, die auf der Nordseite zur Calle Cardenal Herrero führt. Gleich daneben erhebt sich der barocke, 70 Meter hohe Glockenturm, der in seinem Inneren die Reste des einst 48 Meter hohen Minaretts umschließt. Wir kommen in den Patio de los Naranjos (Orangenhof), den einstigen Moscheehof. Die Orangenbäume sind neueren Datums, zur Zeit der Mauren wuchsen hier Oliven-, Zypressen- und Lorbeerbäume.

Innenraum
Der Anblick, der sich beim Betreten des Gebetsraumes durch die Puerta de las Palmas bietet, ist atemberaubend. Der Besucher findet sich im berühmten »Säulenwald«. Rund 850 der einst mehr als 900 Säulen blieben erhalten und werden durch doppelte Bögen miteinander verbunden; in der Entfernung verlieren

sie sich in einem scheinbar unentwirrbaren Geflecht. Die Rundsäulen in diesem ersten Bauabschnitt aus dem 8. Jahrhundert sind individuell gestaltet. Es handelt sich um römische und westgotische Spolien, zum Teil auf Basen postiert, zum Teil in den Boden eingelassen und mit unterschiedlichen Kapitellen versehen. Die besondere Ästhetik dieses Säulenwaldes ergibt sich aus zwei Tatsachen: zum einen aus der abwechselnden Verwendung von Sandstein und Ziegeln, eine schon unter den Römern bekannte Technik mit interessanten Farbeffekten. Das Besondere war jedoch das Doppelbogensystem: Oberhalb des Kapitells wurden der Bogenstirn Pilaster vorgelegt, die zum Träger einer weiteren Bogenreihe erwachsen. In Variationen wurde dieses System auch in den Erweiterungsbauten fortgesetzt.

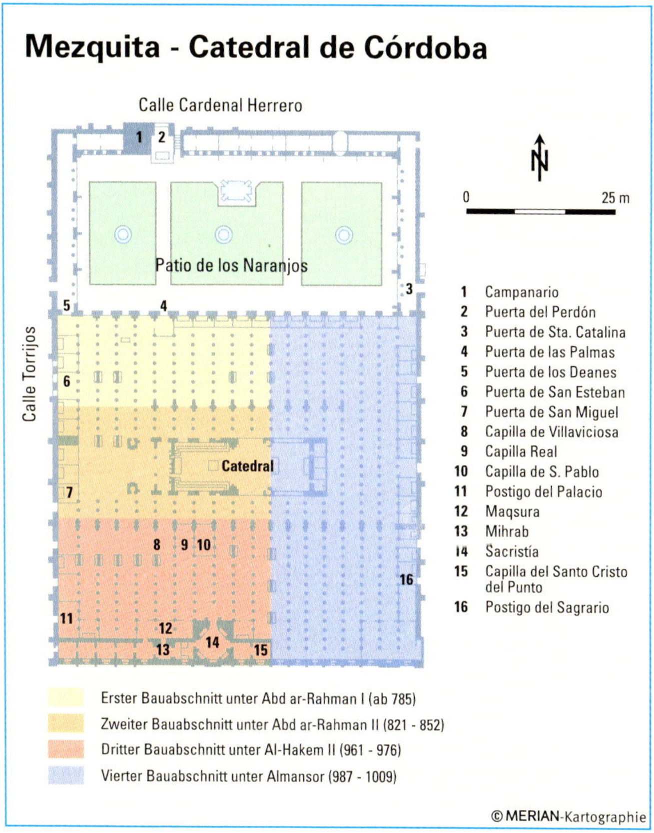

Der sich nach Süden hin anschließende erste Erweiterungsbau von Abd ar-Rahman II. ist durch den Einbau der Kathedrale in seiner Wirkung beeinträchtigt. Deutlich erkennbar die jetzt verwendeten korinthischen Kapitelle der Säulen. In der zweiten Hälfte des 10. Jahrhunderts entstand die zweite Erweiterung nach Süden hin. Eine Öffnung, die von zwei hintereinander gestellten Hufeisenbögen gerahmt wird, führt in die Capilla de Villaviciosa, den Mihrab der Moschee von Abd ar-Rahman II. Hier sehen wir die erste von drei prachtvollen Kuppeln, die sozusagen eine Revolution in der europäischen Architekturgeschichte einläuten. Die Baumeister überwölbten den viereckigen Raum mit einem ausgetüftelten steinernen Rippengewölbe – eine Technik, die den christlichen Baumeistern erst knapp 200 Jahre später durch die Verwendung von Kreuzrippengewölben in gotischen Kathedralen gelang. Den Zugang zur christlichen Capilla Real gleich nebenan versperrt im Normalfall ein Gitter. Man erkennt jedoch vielfältig mit Stuck verzierte Wände, die im 13. Jahrhundert von maurischen Handwerkern ausgestaltet wurden. Höhepunkt maurischer Baukunst ist der Mihrab an der Südmauer des Erweiterungsbaus von Al-Hakem II. sowie die vor ihm liegende Maqsura, ein Raum, der dem Kalifen als Betplatz diente. Drei mit Dreipassbogen gegliederte Arkaden trennen die Maqsura vom Betraum. Als Meisterwerk der Statik und Ästhetik gleichermaßen darf ihre Kuppel bezeichnet werden, in der sich die tragenden Rippen kunstvoll überkreuzen. An der Südwand öffnet sich ein reich verzierter Hufeisenbogen zur Gebetsnische. Der im Grundriss oktogonale Mihrab wird von einer schönen Kuppel überspannt, die in Form einer Muschelschale aus einem einzigen Marmorblock geschnitten ist.

Die letzte und größte architektonische Maßnahme der Mauren an der Mezquita nahm Almansor vor. Er erweiterte den Bau in östlicher Richtung. Deutlich macht sich hier der Niedergang maurischen Kunstschaffens bemerkbar.

Für den Bau der gotischen Kathedrale zeichnete Hernán Ruiz verantwortlich. Er ließ 63 Säulen der Trakte von Abd ar-Rahman und Almansor für das christliche Gotteshaus niederreißen. Beachtung verdient das mit Statuen, Reliefs und Medaillons reich verzierte barocke Chorgestühl aus Palisander. Teile des Kirchenschatzes werden in der Sakristei neben dem Mihrab aufbewahrt.
C. Torrijos 10; Mo–Sa 10–18.30, So und feiertags 13.30–18.30 Uhr; im Winter bis 17.30 Uhr; Eintritt 6 €

Plaza del Potro ■ c 3
Ein kleines Fohlen (»potro«), das den zentralen Renaissancebrunnen des 16. Jahrhunderts krönt, verlieh dem lauschigen Platz seinen Namen. Im 16. und 17. Jahrhundert war die Plaza Zentrum

Glanzstück des Erweiterungsbaus von al-Hakem II. ist der Mihrab, der von einer herrlichen Kuppel überspannt wird.

des öffentlichen Lebens und Veranstaltungsort des Viehmarkts. An der Plaza del Potro steht die ehemalige Herberge Mesón del Potro, die bereits in Cervantes' »Don Quijote« Erwähnung findet, das Museo Provincial de Bellas Artes das Museo Julio Romero de Torres.

Museen

Museo Arqueológico ■ b 3
In einem sehenswerten Renaissancepalast aus dem 16. Jahrhundert werden Exponate gezeigt, die bis in die Prähistorie und die Bronzezeit zurückreichen.
Plaza de Jerónimo Páez 7; Di–Sa 10–13.30 und 18–20, So und an Feiertagen 10–13.30 Uhr; Eintritt für EU-Bürger frei

Museo Municipal Taurino ■ a 3
In der vornehmen Casa de las Bulas aus dem 16. Jahrhundert werden Exponate rund um die Welt des Stierkampfs gezeigt.
Plaza de Maimónides; Di–Sa 10–14 und 18–20 Uhr, So und an Feiertagen 9.30–15 Uhr; Eintritt 3 €

Museo Provincial de Bellas Artes ■ c 3
Im ehemaligen Hospital de la Caridad, einem Renaissancebau aus dem 16. Jahrhundert, werden Kunstwerke des 14. bis 20. Jahrhunderts ausgestellt. Ein Schwerpunkt liegt auf den Arbeiten Cordobeser Künstler. Daneben Werke von Murillo, Zurbarán und Goya.
Plaza del Potro 1; Di–Sa 10–13.30 und 18–20, So und an Feiertagen 10–13.30 Uhr; Eintritt frei

Palacio de Viana ■ c 1
Die Anfänge dieser schönsten Palastanlage Córdobas gehen auf das 14. Jahrhundert zurück. Mehrere miteinander verbundene Häuser umschließen 13 blumengeschmückte Patios, weshalb die Anlage auch als »Museum der patios« bezeichnet wird.
Plaza de Don Gome 2; Mo, Di, Do, Fr, Sa 9–14, So und an Feiertagen 10–14 Uhr; Eintritt 3 €

Torre de la Calahorra ■ b 4
Die Brückenfestung aus dem 14. Jahrhundert, gleich hinter der Römischen Brücke, lässt von ihrer obersten Plattform nicht nur einen Blick auf die Altstadt zu, sondern birgt auch ein Museum. Bewaffnet mit einem Infrarotkopfhörer (auch in deutscher Sprache erhältlich) wird man beim Betreten eines jeden Raumes über die arabische Vergangenheit Córdobas informiert. Man erhält Einblick in das Denken eines Maimonides und Averröes, bekommt Erläuterungen zu den Modellen der Mezquita und der Alhambra und erfährt Wichtiges über die Bewässerungsmethoden der Araber.
Puente Romano; tgl. 10–14, 16.30–20.30 Uhr, im Winter 10–18 Uhr; Eintritt 3 €

Hotels/andere Unterkünfte

Parador de Córdoba M
nördlich ■ b 1
Etwas außerhalb des Cordobeser Stadtzentrums liegt dieses komfortable Haus mit Swimmingpool und exzellentem Komfort.
Von hier aus genießt man einen schönen Blick über die Stadt.

Avda. de la Arruzafa, 14002 Córdoba; Tel. 957/275900, Fax 280409; 94 Zimmer ★★★ AmEx DINERS EC VISA

Essen und Trinken

Casa Pepe de la Judería ■ b 3
Für den kleinen Hunger zwischendurch wählt man aus den leckeren Tapas an der Bar des Hauses aus; größerer Appetit wird mit Hirsch- und Kalbfleischgerichten gestillt, den Spezialitäten des Restaurants.
C. Romero 1; Tel. 957/200744 ★★
AmEx DINERS EC VISA

El Caballo Rojo MM ■ b 3
Eine Mischung aus andalusischen und jüdischen Gerichten bietet dieses unter Gourmets beliebte Restaurant unweit der Mezquita. Selbstverständlich ist auch die Weinauswahl erster Klasse.
Cardenal Herrero 28;
Tel. 957475375 ★★★
AmEx DINERS EC VISA

Einkaufen

Lederwerkstätten, die an die große Tradition des Cordobeser Lederhandwerks anknüpfen, reihen sich noch heute in der Calleja de las Flores. Auch wenig Kauflustige sollten diese Gasse besuchen, denn sie zählt zu den schönsten der Stadt. Auf dem Handwerksmarkt (Zoco) hinter

Als Wahrzeichen der Stadt Córdoba darf der Fohlenbrunnen auf der Plaza del Potro gelten.

dem Stierkampfmuseum werden auch zahlreiche edle Stücke des Kunsthandwerks angeboten, die zu einem tieferen Griff in den Geldbeutel nötigen.

Am Abend

Cardenal ■ b 3
Direkt neben der Mezquita gelegenes Flamencolokal.
C. Torrijos 10

La Bulería ■ c 2
Das Lokal in einer etwas düsteren Gegend öffnet um 22.30 Uhr den Vorhang für eine gelungene Flamencoshow.
C. Pedro López 3

Allgemeine Informationen

Auskunft
Oficina Municipal de Turismo ■ a 3
Plaza de Judá Leví; Tel. 957/200522

Ziele in der Umgebung

Almodóvar del Río ■ C 2

Schon von weitem erkennt man die monumentale Festung von Almodóvar del Río, die auf einem Felsen oberhalb des Guadalquivir erbaut wurde. Vier Jahre lang belagerte Ferdinand III. (1236–1240) die maurische Burg, erst dann konnte er diese »Plage der Christenheit« einnehmen. Die stark restaurierte Festung ist Inbegriff einer mittelalterlichen Burganlag und böte den idealen Schauplatz für die Inszenierung eines historischen Spektakels.

Die Fuente del Rey in Priego de Córdoba ist in mehreren Ebenen angelegt. Das Hauptbecken wird von 139 Maskaronen gespeist.

Medina Azahara ■ D2

Die Residenzstadt 8 Kilometer westlich von Córdoba war häufig Gegenstand märchenhafter Beschreibungen.

Der erste Kalif von Córdoba, Abd ar-Rahman III., ließ 936 den Bau des Palastes in Angriff nehmen und benannte ihn nach seiner Lieblingsfrau Azahara, die Blume. Die Geschichtsschreiber berichten von mehr als 10 000 Arbeitern, die dort 25 Jahre lang tätig waren, von 4000 Säulen, die verbaut worden sein sollen, darunter Geschenke des Kaisers von Byzanz, von einem See aus Quecksilber (!), von feinsten Baumaterialien wie Marmor, Gold und Kristall. Die Pracht des 1500 mal 700 Meter großen Geländes währte nur kurz. In den Wirren eines Bürgerkrieges wurde die Anlage im Jahr 1010 von fanatischen Berbern vollständig zerstört und geriet in Vergessenheit. Der Palast war terrassenförmig in drei Ebenen angelegt, deren oberste den eigentlichen Herrscherbereich bildete. Hier standen die Wohn- und Repräsentationsgebäude des Kalifen. Es folgte eine zweite Ebene mit üppig blühenden Gärten, die ein ausgetüfteltes Wasserleitungssystem mit frischem Quellwasser aus den Bergen versorgte. Auf der untersten Ebene schließlich wohnten die Bediensteten und Soldaten, hier gab es Läden und Werkstätten. Bis zu 20 000 Menschen sollen innerhalb der ummauerten Anlage Platz gefunden haben. Neben einigen Überresten von Wohnhäusern vermag vor allem der so genannte Salón Rico im Zentrum der obersten Terrasse vom einstigen Glanz des Palastes zu erzählen.

Di–Sa 10–14 und 18–20.30 Uhr, So und an Feiertagen 10–14 Uhr; Eintritt für EU-Bürger gratis

MERIAN-Tipp

Priego de Córdoba *Die kleine, von barocken Bauwerken bestimmte Stadt ist das Ziel weniger Touristen und nicht zuletzt deshalb unbedingt einen Besuch wert. Vor allem das maurisch geprägte Altstadtviertel Barrio de la Villa mit seinen engen Gassen, strahlend weißen Häusern und hübschen Plätzen scheint aus einer anderen Welt zu stammen. Die spätgotische Kirche Santa María de la Asunción am Rande dieses Viertels birgt eine Rokokokapelle, Hauptwerk des andalusischen Meisters Francisco Javier Pedrajas (1726–1817). Lohnenswert ist auch ein Blick in die Kirche San Pedro (17. Jh.), die mit einigen wertvollen Skulpturen bestückt ist. Die ehemalige maurische Burg mit ihren sieben Türmen ist als Privatbesitz leider nicht zugänglich. Eine Besonderheit stellt die um 1800 entstandene Fuente del Rey dar: Der Brunnen des Königs wird mit Wasser gespeist, das aus 139 mit Masken geschmückten Wasserspeiern tritt.* ■ *D2*

DIE PROVINZ GRANADA

Kaum eine Provinz Spaniens wird so stark auf ihre Hauptstadt reduziert wie Granada. Der Besuch der Alhambra von Granada, einem der meistfrequentierten Einzelbauwerke der Welt, bildet den unvergesslichen Höhepunkt eines Andalusienaufenthalts. Doch auch in der Umgebung der Hauptstadt findet sich manch lohnenswertes Ausflugsziel. Eindrucksvoll erheben sich die weißen Gipfel der Sierra

Nevada, einer Hochgebirgslandschaft, die mit dem 3478 Meter hohen Mulhacén den höchsten Gipfel des spanischen Festlandes besitzt und zum Teil als Naturschutzgebiet ausgewiesen ist. Moderne Straßen erschließen ihre Ski- und Wandergebiete.

Den beeindruckendsten Blick auf die Alhambra und die hinter ihr aufragenden Berge genießt man vom Albaicín aus.

Die etwas lieblichere Bergwelt der Alpujarras, in die charmante Dörfer eingebettet sind, gilt unter Wanderfreunden als erste Adresse. Der Küstenstreifen der Provinz Granada, seit einiger Zeit unter dem Begriff Costa Tropical vermarktet, besitzt mit Almuñecar und Salobreña zwei nicht völlig dem Tourismusboom verfallene Orte.

Granada ■ E2

Stadtplan → S. 85
»Granada ist gemacht für Traum und Träumerei«, so der spanische Dichter Federíco García Lorca. In der Tat hat die meistbesuchte Stadt Andalusiens etwas Märchenhaftes an sich. Die Alhambra gilt als Inbegriff orientalischer Prachtentfaltung auf europäischem Boden, und auch die quirlige Altstadt zieht Besucher in ihren Bann.

Unter Iberern, Römern und Westgoten war Granada nicht mehr als eine unbedeutende Siedlung, erst unter den Mauren entwickelte sich der Ort zu einer befestigten Stadt. Nach dem Zusammenbruch des Kalifats wurde es ein eigenes Königreich, das später von den Almoraviden und den Almohaden beherrscht wurde. Im Jahr 1238 übernahm Mohammed ibn Ahmar die Macht und begründete damit die Herrschaft des Nasriden-Geschlechts, die bis ins Jahr 1492 andauern sollte. In diesen 250 Jahren erlangte die maurische Herrschaft auf spanischem Boden eine letzte Phase allerhöchster Blüte. Dies war nicht zuletzt der geschickten Politik der Nasridenherrscher zu verdanken, die sich unter den Schutz der kastilischen Könige stellten und Tribut zahlten.

Unter den Nasriden blühte die Landwirtschaft in dem nur 30 000 Quadratkilometer großen Herrschaftsgebiet auf: Zuckerrohr, Früchte und Mandeln konnten exportiert werden, auch kostbare Stoffe und Edelmetalle führte man aus. Das Reich entwickelte sich allmählich zu einem Zufluchtsort für Mauren, die aus den christlichen Gebieten vertrieben worden waren und die Einwohnerzahl auf 400 000 ansteigen ließen. In Granada pflegte man verfeinerte Kunst und Kultur, hier gab es zahlreiche Schulen, Krankenhäuser sowie eine Universität, und die Kalifen setzten sich mit dem Bau der Alhambra ein unbeschreiblich schönes Denkmal.

Geschwächt durch interne Auseinandersetzungen konnte Granada Ende des 15. Jahrhunderts den Katholischen Königen Ferdinand und Isabel nicht mehr standhalten. Einer kurzen Phase der Toleranz folgte unter den christlichen Herrschern die Vertreibung der Juden und Mauren, die Verbrennung arabischer Bücher und die Inquisition.

Der Stadtkern liegt zwischen zwei Hügeln: Auf dem südlichen Hügel erhebt sich vor dem Hintergrund der meist schneebedeckten Sierra Nevada die Alhambra mit den Gärten des Generalife. Der nördliche Hügel ist bedeckt vom Albaicín, der maurischen Altstadt, die zusammen mit der Alhambra von der UNESCO zum Weltkulturerbe erklärt wurde. Dazwischen fließt in einer tiefen Senke der Río Darro. Wer hier einen lauen Sommerabend verbracht hat oder an einem der Plätze des Albaicíns einen Sonnenuntergang erleben durfte, der wird vielleicht mit Federíco García Lorca übereinstimmen: »Granada ist eine Stadt der Muße, eine Stadt der Betrachtung und der Fantasie.«

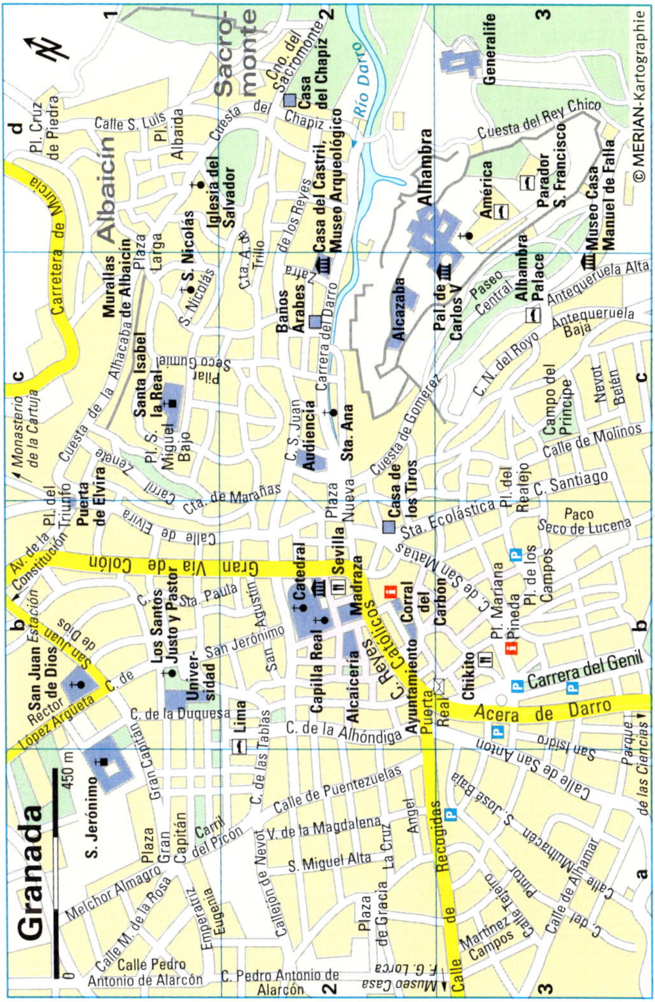

Sehenswertes

Albaicín ■ c 2/d 1

Ein Gewirr von Gassen überzieht den Hügel, welcher der Alhambra gegenüberliegt. Zwischen den weiß gekalkten Häusern, in den versteckten Höfen und auf den kleinen Plätzen spürt man noch heute etwas vom Flair der maurischen Stadt. Die UNESCO hat dieses Viertel zu Recht mit dem Titel Weltkulturerbe der Menschheit gekürt und unter ihren persönlichen Schutz gestellt. Großartige Sehenswürdigkeiten sollte man hier nicht erwarten, der Albaicín ist ein Ort zum Bummeln und Träumen. Verlieren kann man sich im unübersichtlichen Gassengewirr nicht, denn alle Straßen abwärts führen letztlich zurück ins Zentrum. Wo einst 60 000 Menschen lebten, wohnen heute nur noch wenig mehr als 10 000. Viele Häuser scheinen dem Verfall preisgegeben, doch seit einigen Jahren ist das Viertel bei gut betuchten Bürgern »in«, die ihre Häuser vorbildlich renovieren lassen. Beliebtestes Zentrum am Spätnachmittag und frühen Abend ist der Mirador de San Nicolás unmittelbar neben der gleichnamigen Kirche. Am Abend ist er als erster Rang für ein herrliches Spektakel gut besucht. Dann nämlich heißt es Bühne auf! für den Sonnenuntergang mit den einmaligen

Ein Gassengewirr, hie und da von hübschen Plätzen unterbrochen, verleiht dem Albaicín seinen Charme.

Kulissen der Alhambra und der schneebedeckten Berge. Reste der arabischen Stadtmauer findet man entlang der Cuesta de Alhacaba. Am Fuße des Viertels, an der Carrera del Darro (Nr. 34), blieben mit El Bañuelo Überreste eines arabischen Bades aus dem 11. Jahrhundert erhalten.

Alhambra ■ c 2/d 3

Karte → S. 164/5

Auf Grund des großen Andrangs vor allem durch Tagesbesucher wird der Einlass in die Alhambra streng reglementiert. Mit einer Eintrittskarte kann man sich zwar den ganzen Tag hier aufhalten – und das ist ganz gewiss nicht zu viel –, der Einlass in den Königspalast ist jedoch auf eine bestimmte Uhrzeit festgelegt, die auf der Eintrittskarte vermerkt wird. Diese Zeit ist unbedingt einzuhalten. Wie lange Sie sich dort aufhalten, bleibt Ihnen überlassen. Am frühen Morgen und am späten Nachmittag, wenn die auswärtigen Besucherscharen noch nicht angekommen sind bzw. schon wieder den Rückweg angetreten haben, ist die beste Zeit für einen geruhsamen Besuch. Auf Massenbetrieb sollten Sie jedenfalls gefasst sein. Dennoch verlässt kaum jemand die Alhambra, ohne die allgemeine Begeisterung zu teilen.

Zu Fuß erreichen Sie den Palast am besten von der Plaza Nueva aus. Sie folgen der Cuesta de Gomérez und steigen hinter der Puerta de las Granadas links den Burghügel hinauf bis zur Puerta de la Justicia. Einfacher geht es mit dem Bus Nummer 2, der auch an der Plaza Nueva abfährt.

Abweisend und nüchtern, so erscheint die Alhambra aus der Ferne und gibt sich damit ganz den Charakter einer uneinnehmbaren Festung. Erst im Inneren entfaltet die meistbesuchte Sehenswürdigkeit Spaniens ihre Schönheit, die zu unzähligen Lobeshymnen Anlass gab. Die Alhambra gliedert sich grob in drei Teile: die Alcazaba, der eigentliche Festungsbereich und älteste Teil der Anlage; der Königspalast (→ S. 94), der in seiner märchenhaften Ausgestaltung den Höhepunkt eines jeden Besuches darstellt, und schließlich der Generalife, die prachtvolle Gartenanlage oberhalb der Alhambra. Daneben gibt es auf dem Areal noch eine Reihe weiterer Gebäude wie den Palast Karls V. und das ehemalige Kloster San Francisco, heute eine Luxusunterkunft. Die einzelnen Baugruppen werden im Folgenden erläutert.

Alcazaba ■ c 2

Die Burg ganz im Westen der Anlage stellt den ältesten Teil der Alhambra dar, der schon auf Vorgängerbauten vor der Herrschaft des Nasridengeschlechts zurückgeht. Zwar ist ein doppelter Mauerring erhalten, doch die Verteidigungsanlage wurde weitgehend zerstört und hat keine bedeutsamen Sehenswürdigkeiten aufzuweisen.

Generalife ■ d 3

Die »Gärten des Architekten« wurden Anfang des 14. Jahrhunderts als Sommersitz des maurischen Herrschers angelegt und sind somit älter als die Haupt-

paläste der Alhambra. Es sind weniger die Gebäude, die hier von Interesse sind, als vielmehr die fantasievollen Gärten, in denen Brunnen und Wasserspiele die sommerliche Hitze mildern. Vorbei an einem kleinen Freilufttheater und durch die so genannten Neuen Gärten mit Wasserspielen und kunstvoll geschnittenen Hecken, kommt man zu den eigentlichen arabischen Gärten. Ihr Zentrum markiert der Patio de la Acequia, der Hof des Wassergrabens, mit einem langen Bassin, an dessen Seiten erfrischende Wasserfontänen in die Luft schießen. Am Ende des Patios erhebt sich der schlichte Herrscherpalast, in den sich der maurische König und seine Frauen zurückziehen konnten. Nur wenige Schritte weiter kommt man zu einer Wassertreppe, in deren »Geländer« das kühle Nass fließt. Vorbei an Wasserspielen und Grotten gelangt man über den Oleanderweg wieder zurück zum Ausgang.
Sommer: tgl. 8.30–20, Di–Sa auch 22–23.30 Uhr; Winter: tgl. 8.30–18, Fr und Sa 20–21.30 Uhr; Eintritt 6 €

Palacio Real ■ d 2
→ KulTour S. 162

Palast Karl V. ■ c 3
Der Palast Karl V. gilt als eines der bedeutendsten Bauwerke der Hochrenaissance, doch in der Nähe der nasridischen Residenz wirkt er fantasielos und plump. Das Bauwerk, das 1526 nach einem Entwurf des Architekten Pedro Machuca begonnen wurde, blieb unvollendet. Der quadratische Palast mit einer Seitenlänge von 63 Metern gibt sich nach außen streng, im Inneren birgt er einen runden Innenhof mit einer zweistöckigen Säulengalerie, die ein wenig an eine Stierkampfarena erinnert. Heute sind hier das Alhambra-Museum und das Museo de Bellas Artes untergebracht (→ S. 93).

Capilla Real ■ b 2
(Königliche Kapelle)
An die Südseite der Kathedrale schließt sich die spätgotische Grabkapelle der Katholischen Könige an, errichtet von 1505 bis 1521. Über einen Vorraum gelangt man zu einem der schönsten »rejas« in Andalusien. Dieses 1518 bis 1520 von Meister Bartolomé de Jaén geschmiedete Gitter zeigt das kastilische Wappen und biblische Szenen. Dahinter der Raum der Grablege: rechter Hand das aus Carraramarmor geschnittene Grabmal der Katholischen Könige Ferdinand und Isabel, eine Arbeit des Florentiner Renaissancekünstlers Domenico Fancelli. Daneben befindet sich die Grablege Johannas der Wahnsinnigen, Tochter der Katholischen Könige, und ihres Gemahls Philipp des Schönen, das Bartolomé Ordonez fertigte. Die sterblichen Reste der Königsfamilie sowie weiterer Thronerben ruhen in Bleisärgen in der Krypta, in die man über einige Stufen gelangt. Die Sa-

Mit einer berauschende Vielfalt an dekorativen Elementen wird der Besucher in den Räumen der Alhambra konfrontiert, wie hier im Cuarto Dorado (→ S. 162).

kristei im Nebenraum dient als Schatzkammer und Bildergalerie gleichermaßen; vertreten sind Rogier van der Weyden, Hans Memling und Sandro Botticelli.
C. Oficios; tgl. 10.30–13 und 16–19, So und Feiertags 11–13 Uhr

Catedral Santa María de la Encarnación ■ b 2
Wo sich einst die Hauptmoschee der Mauren befand, ragt aus dem Häusergewirr eine der größten Kathedralen Spaniens. 1523 von Enrique de Egas im gotischen Stil begonnen, änderte Diego de Siloe 1528 die Pläne und führte den Bau nach den Regeln der Renaissance aus. Erst 1704 war das Gotteshaus fertig gestellt. Die nach Westen hin ausgerichtete, von linearen Flächen bestimmte Hauptfassade stammt von Alonso Cano, der sein Können auch im Inneren der Kirche beweist. Das mächtige fünfschiffige Gotteshaus ist 160 Meter lang und 67 Meter breit. Gewaltige Bündelpfeiler mit korinthischen Kapitellen tragen das weite Gewölbe. Glanzstück der Kathedrale ist die von Diego de Siloe entworfene Kuppel über der Capilla Mayor, die eine Höhe von 47 Metern erreicht. Über kassettierten Rundbögen sind zwei Balustradenreihen angeordnet, die mit Bildern geschmückt sind. Sieben Gemälde von Alonso Cano zeigen Szenen aus dem Leben Mariä. Einige Seitenaltäre der Kirche bergen interessante Kunstwerke. So der Jakobusaltar mit einer Reiterstatue des Heiligen von Alonso de Mena (1640) und der Altar des Jesus von Nazareth mit wertvollen Gemälden von José de Ribera, Alonso Cano sowie El Greco. Bedeutende Kunstwerke unter anderem von

Am Reißbrett des Toledaner Baumeisters Pedro Machuca wurde der Palast Karls V. entworfen.

Alonso Cano werden auch in der Sakristei aufbewahrt.
Gran Via de Colón; tgl. 10–13 und 16–19 Uhr

Corral del Carbón ■ b 2
Die einzige erhaltene maurische Karawanserei in Spanien stammt aus dem frühen 14. Jahrhundert. Sie diente als Warenlager und Herberge für durchreisende Händler. Später zogen in das Gebäude Holzkohlenbrenner, daher auch der Name »carbón«, Kohle. Typisch ist die noch erhaltene rechteckige Anlage mit Innenhof und der den Eingang überspannende, mit Schriftzeichen verzierte Hufeisenbogen.
C. Mariana Pineda; Mo–Fr 9–19, Sa 10–14 Uhr; Eintritt frei

Ein Siegesdenkmal der Christenheit: Die Kathedrale Granadas nimmt den Platz der ehemaligen maurischen Hauptmoschee ein.

La Cartuja nördlich ■ c 1
Am nördlichen Stadtrand Granadas befindet sich ein Hauptwerk des so genannten Churriguerismus. Diese von José Churriguera (1650–1723) entwickelte Richtung des spanischen Barock kommt im Wesentlichen in den dekorativen Elementen der Bauplastik zum Ausdruck, in denen sich gotische Formen mit barocken Dekorationen mischen. Das Kartäuserkloster La Cartuja wurde im Jahr 1506 gegründet, allerdings erst drei Jahrhunderte später fertig gestellt. Nach Zerstörungen durch die Franzosen im Jahr 1842 blie ben ein Kreuzgang, Refektorium, Kirche und Sakristei erhalten. Die im 17. Jahrhundert vollendete einschiffige Kirche wurde von Anastasio Bocanegra überreich verziert. Noch verschwenderischer gestaltete man die Sakristei, die als selbstständiger Kirchenraum gelten muss. In über-

schwänglicher Formenvielfalt ausgeführte Stuckaturen von Luis de Arévelo markieren den Höhepunkt des spanischen Barock.
Paseo de la Cartuja; Mo–Sa 10–13 und 16– 20, So 10–12 Uhr

Madraza ■ b 2
Gleich gegenüber der Capilla Real steht die ehemalige Koranschule, die von den Katholischen Königen dem Stadrat übergeben wurde und später als Rathaus diente. Im Inneren blieb noch ein achteckiger Gebetsraum mit stuckverzierter Kuppel und Kachelschmuck erhalten.
C. Oficios

Sacromonte ■ d 2
Der Hügel oberhalb des Albaicíns ist traditionell Wohnort der Zigeuner, die zum Teil noch in einigen der Wohnhöhlen leben. Allabendlich wird hier Flamenco angeboten. Von hier aus schlängelt sich der Weg hinauf zur Abadía del Sacromonte, einem um 1600 entstandenen Kloster mit der Wallfahrtskapelle Santo Sepulcro und der Stiftskirche San Cecilio.

Museen

Museo Arqueológico ■ c 2
Die Ausstellungsstücke des Museums reichen bis in die Frühgeschichte zurück; auch die phönizische und iberische, römische und westgotische Epoche ist vertreten. Beachtung verdienen die Exponate aus der Zeit maurischer Herrschaft: Keramikarbeiten, Lampen, Schmuck und Stoffe.
Carrera del Darro 41; Di 15–20, Mi–Sa 9–20 Uhr; feiertags 9–14 Uhr; Eintritt frei

In der Alcaicería wurden einst wertvolle Seidenstoffe verkauft, heute bieten hier gewiefte Händler Souvenire und Schmuck an.

Museo de Bellas Artes ■ c 3
Die ausgestellten Werke stammen aus verschiedenen Kirchen und Klöstern Granadas und umfassen den Zeitraum vom 16. bis zum 20. Jahrhundert.
Palast Karl V., Alhambra; Mi–So 10–14.30 Uhr; Eintritt frei

Museo de la Alhambra ■ c 3
Das im Palast Karl V. innerhalb der Alhambra untergebrachte Museum zeigt im Wesentlichen Funde aus der Alhambra, darunter Grabsteine, Kapitelle, Holzschnitzereien, Keramiken und farbenprächtige Fliesen. Zu den Glanzstücken der Sammlung gehört eine 1,30 Meter hohe Vase aus dem 14. Jahrhundert (Gazellen-Vase).
Palast Karl V., Alhambra; Di–Sa 9–14.30 Uhr; Eintritt frei

Parque de las Ciencias
südlich ■ b 3
Das interaktive Museum lädt zu einer Reise durch die Wissenschaft ein. Von Naturphänomenen bis in die Welt von Multimedia – ein Museum zum Anfassen.
Avenida del Mediterranéo; Bus 4, 5, 10 und 11; Di–Sa 10–19, So und an Feiertagen 10–15 Uhr; Eintritt 3 €

Hotels/andere Unterkünfte

Hotel América ■ d 3
Mitten im Areal der Alhambra wohnen Sie auch in diesem Hotel, jedoch zu weitaus erschwinglicheren Preisen als im Parador San Francisco.
Real de la Alhambra 53, 18009 Granada; Tel. 9 58/22 74 71, Fax 22 74 70; 13 Zimmer ★★★ AmEx EC VISA

Hauseingang auf dem Sacromonte. In diesem traditionellen Zigeunerviertel gibt es noch heute »cuevas«, Wohnhöhlen.

Pension Lima ■ b 2
In der Nähe der Plaza Trinidad gelegene nette Unterkunft.
C. Laurel de las Tablas 17, 18009 Granada; Tel. 9 58/29 50 29; 12 Zimmer ★

Pension Rodri M
Gepflegte Unterkunft mit kleinen Dachgärten in Zentrumsnähe.
C. Laurel de las Tablas 9, 18009 Granada; Tel. 9 58/28 80 43; 13 Zimmer ★

Essen und Trinken

Chikito ■ b 3
Der einstige Intellektuellentreff verfügt über eine gute Küche, aus der vor allem hervorragende Fleischgerichte gezaubert werden. Auch Tapas-Liebhaber kommen hier voll auf ihre Kosten.
Plaza Campillo 9; Tel. 9 58/ 22 33 64
★★ AmEx EC DINERS VISA

Restaurante Sevilla M ■ b 2
Unmittelbar neben der Kathedrale Santa María de la Encarnación liegt dieses Traditionslokal, in dem schon García Lorca speiste. Hier erhalten Sie preislich annehmbare Tagesmenüs.
C. Oficios 12; Tel. 9 58/22 12 23
★★★ AmEx EC VISA

Einkaufen

Typisch für Granada ist die Fajalauza-Keramik, die von örtlichen Töpfern hergestellt wird. Das Kunsthandwerk ist deutlich von maurischen Traditionen geprägt. Sie finden in Granada Webarbeiten, Lederwaren, Musikinstrumente. Handgearbeitete Gitarren finden Sie in mehreren Geschäften in der Cuesta de Gomérez (Nr. 26, 29, 36). Auf ausgewählte Stücke spanischen Kunsthandwerks konzentriert sich Artespana im Corral del Carbón (C. Mariana Pineda).

Am Abend

Vor allem während des Semesters herrscht in der Universitätsstadt ein reges abendliches Leben. Zahlreiche Bars liegen in der Umgebung der Straßen Pedro Antonio de Alarcón, Horno de Abad und der Plaza de los Lobos. Teestuben mit arabischem Flair findet man in der Calle Caldereria Nueva. Belebtester Platz des abendlichen Granada ist die Plaza Nueva, etwas beschaulicher geht es auf der Plaza Bib-Rambla zu.

Sehenswerte Flamencodarbietungen gibt es unter anderem im Reina Mora (Ctra. De Murcia, Tel. 9 58/40 12 65) und in den Jardines Neptuno (Arabial, Tel. 9 58/52 25 33).

MERIAN-Tipp

Alcaicería *Schnuppern Sie Basaratmosphäre! Der Name der Alcaicería leitet sich von der arabischen Bezeichnung für denjenigen Teil eines Basars ab, in dem traditionell die wertvollsten Güter zum Kauf angeboten wurden. Tatsächlich verkaufte man hier einst teure Seidenstoffe, für deren Produktion die Araber berühmt waren. Der ehemalige maurische Seidenbasar Granadas wurde zwar im 19. Jahrhundert durch einen Brand zerstört, doch die Gebäude baute man im arabischen Stil wieder auf. Lediglich Reste eines arabischen Tors datieren aus der Zeit der maurischen Herrscher. Statt der feinen Gewebe bieten die Händler heute allerdings Souvenire, Schmuck und diverses Kunsthandwerk an. Zwischen Kathedrale und Plaza Bib-Rambla gelegen.* ■ *b2*

THEMA: Gitanos – seit Jahrhunderten verfolgt

Wie überall in Europa stehen sie am Rande der Gesellschaft, die »gitanos« (Zigeuner) oder »calé«, wie sie sich selbst nennen. In Andalusien ist ihr Anteil an der Bevölkerung mit fünf Prozent deutlich höher als im restlichen Spanien, wo sie nur ein Prozent der Bewohner ausmachen. Die meisten Gitanos leben unter menschenunwürdigen Verhältnissen in ghettoartigen Bezirken am Rande der Städte.

Nur in wenigen urbanen Zentren bewohnen die Gitanos noch heute ihre angestammten Viertel. Berühmt wurden mittlerweile der Sacromonte in Granada oder das Triana-Viertel in Sevilla. Enge familiäre Bindungen, gegenseitige Unterstützung und Solidarität, aber auch ausgeprägter Machismo kennzeichnen dieses Volk, das seine eigenen Traditionen über die Jahrhunderte hinweg aufrechterhalten und bewahren konnte. Mit eigenen Normen und Gesetzen regeln die Gitanos ihr Zusammenleben. Ein Ältester entscheidet über wichtige Angelegenheiten und Vorgänge innerhalb der Sippe und wird von dieser ob seines Alters und seiner Erfahrung respektvoll geachtet.

Von der Mehrheit der Bevölkerung misstrauisch wenn nicht gar feindlich beäugt, sind die Gitanos immer wieder rassistischen Übergriffen ausgesetzt. Die hohe Arbeitslosigkeit des Südens trifft sie besonders hart, denn sie haben ohnehin geringe Chancen auf eine feste Anstellung und gehören zu den Ersten, die entlassen werden. So bleiben den Menschen zum Broterwerb neben Gelegenheitsarbeiten Kleinhandel und Wahrsagerei.

Im 13./14. Jahrhundert verließen die Gitanos ihr Ursprungsland Indien. Ihre Geschichte in Andalusien beginnt im 15. Jahrhundert, als die ersten Roma nach Spanien kamen. Nur wenige Jahrzehnte war ihnen ein Leben ohne größere Probleme beschert, doch bereits Ende des Jahrhunderts zeigten sich Priester in einem Schreiben darüber besorgt, dass die Roma auf Grund ihrer Fähigkeiten in Magie und Wahrsagerei immer größeres Ansehen im Volk genossen. Es folgten zahlreiche Assimilationsversuche und Aufforderungen an die Gitanos, das Land zu verlassen, die Verfolgung der Zigeuner fand einen traurigen Höhepunkt am 30. Juli 1749, als mehr als 10 000 Gitanos von der Armee zusammengetrieben und in Gefängnisse verfrachtet wurden. Nur ein Teil von ihnen durfte später wieder in die Heimat zurückkehren. Während des Zweiten Weltkriegs wurden erneut Tausende von Gitanos interniert und ermordet. Erst im Laufe der Nachkriegszeit wurde ihnen eine zumindest formelle Gleichberechtigung zugestanden, doch von einer Eingliederung in die Gesellschaft, die auch Unterschiede anerkennt, ist man noch weit entfernt.

Allgemeine Informationen

Auskunft

Oficina de Turismo de la Junta de Andalucía ■ b 2
In diesem Auskunftsbüro erhalten Sie Informationen über die Stadt, werden aber auch mit Material zu ganz Andalusien versorgt.
Corral del Carbón, C. de Mairana Pineda 40; Tel. 9 58/22 10 22

Oficina de Turismo del Patronato Provincial ■ b 3
Informationsbüro für Stadt und Provinz Granada.
Plaza Mariana Pineda 10; Tel. 9 58/22 66 88

Post (Hauptgebäude) ■ b 2-3
Puerta Real 1; Mo–Sa 8–21 Uhr

Guadix ■ E 2

Bekanntheit erlangte die Stadt Guadix vor allem wegen ihrer Höhlenwohnungen, deren Anfänge wohl in prähistorischer Zeit liegen. Im Barrio de Santiago wurden rund 2000 Wohnungen in den weichen Fels gegraben, in denen heute noch mehrere Tausend Menschen leben. Weiße Eingangsbereiche und Fernsehantennen machen deutlich, dass auch hier keine Bequemlichkeit der modernen Zivilisation fehlt. Die Höhlen sind gut isoliert und ermöglichen daher winters wie sommers ein relativ komfortables, wohltemperiertes Wohnen. Will man anbauen, so gräbt man sich einfach ein Stück tiefer in den Berg hinein! Zu den weiteren Sehenswürdigkeiten der Stadt zählt die maurische Festung, die auf einem Hügel thront. Besuchenswert ist auch die Kathedrale des Ortes, die von Diego de Siloe Mitte des 16. Jahrhunderts entworfen wurde.

Las Alpujarras ■ E 3

Die Gebirgslandschaft der Alpujarras zieht sich am Südrand der Sierra Nevada entlang. Einige der kleinen weißen Dörfer, die sich an die Hänge schmiegen, sind idealer Ausgangspunkt für Wanderungen in diese Region abseits der großen Touristenströme. Lange Zeit waren die Alpujarras von Mauren bewohnt. Die Mauren hinterließen ein unschätzbares Gut: Durch Terrassenanbau und ein ausgeklügeltes Bewässerungssystem hatten sie das Land urbar gemacht. Noch heute baut man hier Oliven und Obst an, erntet Mandeln und kultiviert Wein.

Die Alpujarras lassen sich in einer Rundfahrt erschließen. Den meisten Charme versprühen die im nördlichen Teil gelegenen Bergdörfer, in denen sich seit einigen Jahren so etwas wie sanfter Tourismus entwickelt hat, der die Region nicht zu zerstören scheint. Von Granada her kommend trifft man zunächst auf Lanjaron, das man in ganz Spanien wegen seines guten Mineralwassers kennt. Vor allem Spanier zieht es in diesen kleinen Kurort, wo man in einer Trinkhalle das Heilung versprechende Wasser schlürfen kann. Bei Orjiva geht es dann auf sehr schöner, aber äußerst kurvenreicher Strecke nach Carataunas. Die drei folgenden Orte Pampaneira,

Bubión und Capileira liegen nicht nur ausgesprochen reizvoll am Hang, sie verfügen auch über eine ansprechende Infrastruktur mit Pensionen, Restaurants und Geschäften, in denen schönes regionales Kunsthandwerk zu finden ist, darunter die berühmten »jarapas«, aus Textilresten hergestellte bunte Teppiche. Von hier aus lässt es sich herrlich wandern. Tipps, Kartenmaterial und auch Wanderführer gibt es in einem Informationszentrum in Pampaneira (Plaza de la Libertad; Tel. 958/673127; Fax 958/673301). Weiter Richtung Osten erreicht man schließlich Trevélez. Die berühmten Schinken, die vor Ort hergestellt werden, hängen zu Dutzenden in den Schaufenstern und Bars.

In Guadix bilden weiße Häuserfassaden das Entree für ungewöhnliche Wohnstätten: Hinter den Mauern breiten sich Höhlenwohnungen aus.

Sierra Nevada ■ EF2

Nur 50 Kilometer von Granda entfernt liegt das Hochgebirge der Sierra Nevada, in dem 14 Gipfel auf über 3000 Meter ansteigen. Sowohl mit öffentlichen Bussen als auch mit dem eigenen PKW ist das Gebiet gut zu erreichen. Einen Teil der Sierra Nevada, in der es 66 endemische Tier- und Pflanzenarten gibt, hat die UNESCO zum Biosphärenreservat erklärt. Mit Lift oder auch zu Fuß kann man den Gipfel des 3392 Meter hohen Pico Veleta erklimmen. Wenn nicht diesige Luft den Blick trübt, sieht man von dort bis zum Mittelmeer, an manchen Tagen sogar bis zum afrikanischen Kontinent. Retortenorte wie Solynieve und Pradollano bieten für Wintersportler eine gute Infrastruktur. Einen Abstecher lohnt der fast 3000 Meter hoch gelegene Bergsee Laguna de las Yeguas.

DIE PROVINZ HUELVA

Die westlichste Provinz Andalusiens grenzt an Portugal und besitzt als einzige keinen Zugang zum Mittelmeer, allein der Atlantische Ozean säumt ihre 120 Kilometer lange Südküste. Naturfreunden bietet die 10 000 Quadratkilometer große Provinz einiges. Die Naturparks und Naturschutzflächen nehmen rund 210 000 Hektar ein. Das bedeutet, dass rund ein Drittel der Provinz unter Naturschutz steht. Dazu gehören auch große Teile des

Naturparks Coto de Doñana (→ S. 104), des vielleicht wichtigsten Vogelreservats auf dem europäischen Kontinent. Die Lage am Atlantik hat das Gros der Badetouristen bis vor kurzem fern gehalten, doch mittlerweile zieht es immer mehr Sonnenanbeter

Wie hier in Aracena verweisen an vielen Gebäuden Andalusiens Details auf die maurischen Baumeister.

an die langen Sandstrände der Küste des Lichts, der Costa de la Luz.

Die Siedlungsgeschichte Huelvas reicht bis in die Steinzeit zurück, nicht zuletzt auf Grund reicher Bodenschätze finden sich hier Spuren der Tartesser, Kelten, Römer, Westgoten und Araber. Ins Rampenlicht der Geschichte rückte Huelva, als Kolumbus von hier aus am 3. August 1492 mit drei Karavellen Richtung Indien aufbrach – eine Reise die ihn nach Amerika führte (→ Kultour S. 156).

Alljährlich zu Pfingsten richten sich die Augen Spaniens auf das kleine Dorf El Rocío, wo Hunderttausende an der berühmtesten Wallfahrt Spaniens teilnehmen (→ S. 101, 105).

Aracena ■ B 2

Im Herzen der gleichnamigen Sierra gelegen, hat sich das kaum mehr als 6000 Einwohner zählende Städtchen zu einer Art ländlichem Touristenzentrum entwickelt, weit entfernt jedoch von jeglichem Rummel. Auf dem Schlossberg zeugen die Ruinen einer maurischen Festung von den ehemaligen Herrschern. Nach der Eroberung durch die Christen errichteten die Templer hier auf den Resten einer Moschee die spätgotische Ordenskirche Nuestra Señora de los Dolores, auch Iglesia del Castillo (13.–14. Jh.) genannt. Beim Abstieg von der Burg passiert man die im Renaissancestil des beginnenden 16. Jahrhunderts errichtete Kirche Iglesia de la Asunción. Die ehemalige jüdische Synagoge aus dem 16. Jahrhundert ist heute der hl. Catalina geweiht und lohnt den Blick wegen ihres mudéjaren Portals. Auch das mittelalterliche Alte Rathaus verfügt noch über ein Portal aus dem 16. Jahrhundert von Hernan Ruíz. Am gleichen Platz erhebt sich der Palast des Bischofs Moya (17. Jh).

Den Hügel selbst durchkreuzt ein Labyrinth von Gängen, Sälen und Seen. Sehenswertes Touristenziel ist die Tropfsteinhöhle Gruta de las Maravillas – die Grotte der Wunder. Ihre Fantasielandschaften entdeckt man im Lauf einer einstündigen Besichtigung (tgl. mehrere Führungen). Gleich am Eingang der Höhle informiert ein kleines Museum über Bergbau und Geologie der Gegend.

Hotels/andere Unterkünfte

Finca Valbono
Etwa 1 Kilometer nördlich von Aracena kann man sich am Swimmingpool der angenehmen Finca aalen oder den angeschlossenen Reitstall zu einem Ausritt nutzen. Auch für Selbstversorger geeignet.
Carretera de Carboneras, 21200 Aracena; Tel. 9 59/12 77 11, Fax 12 76 79; 5 Zimmer und 15 Apartments ★★ EC VISA

Ziele in der Umgebung

Almonaster la Real ■ B 2

Beim Bummel durch den Ort, dessen Name auf das arabische »al-Munastir« zurückgeht, stößt man auf zahlreiche Wohnhäuser, in denen sich gotische und mudéjare Elemente mit Stilmerkmalen der Renaissance mischen. Zu den sehenswerten Baudenkmälern zählt die aus dem 14. Jahrhundert stammende Kirche San Martín mit ihrem manuelinischen Portal del Perdón (16. Jahrhundert). Auf einer Bergkuppe erhebt sich eine Festung (mit römischen und arabischen Mauern) sowie eine Moschee, die im 10. Jahrhundert auf westgotischen und römischen Gebäuderesten errichtet wurde. Als die Moschee im 13. Jahrhundert in eine christliche Kirche umgewandelt wurde, blieben viele islamische Elemente erhalten, darunter auch die nach Mekka weisende Gebetsnische. Der Burgberg gewährt einen schönen Blick auf die Ebene und einen der beiden im 19. Jahrhundert errichteten Stierkampfplätze des Ortes.

Aroche ■ B 2

In der von einer Stadtmauer aus dem 17. Jahrhundert umschlossenen Almoravidenburg wurde im 19. Jahrhundert ein Stierkampfplatz errichtet. Unweit davon erhebt sich die Iglesia de la Asunción, an der man das Nebeneinander verschiedener Baustile bewundern kann: Elemente der Gotik und des Mudéjarstils sind auszumachen, aber auch ein Renaissanceportal ist zu entdecken. Neben einem kleinen archäologischen Museum birgt der Ort eine kuriose Sammlung im Museo del Santo Rosario, wo mehr als 1500 Rosenkränze aufbewahrt werden.

Fuenteheridos ■ B 2

Zahlreiche kalte Quellen haben dem Ort seinen Namen verliehen, und noch heute sprudeln aus der Quelle Fuente de los doce Caños täglich zwei Millionen Liter Wasser. Der Kern des malerischen Dorfes mit seinen weiß getünchten Häusern steht unter Denkmalschutz; eine Besonderheit stellt das kunstvoll angelegte Straßenpflaster aus Kalkstein dar.

Jabugo ■ B 2

Jabugo ist in Spanien der Inbegriff für köstlichsten Schinken. Die Schweine, die das in Geschmack und Aroma vortreffliche Produkt liefern, werden mit Eicheln gefüttert. Damit sich das Fett in feinen Streifen im Fleisch verteilt, müssen die Schweine tagtäglich eine kleinen »Spaziergang« absolvieren. Wo könnte man besser dieser Gaumenfreude nachspüren, als vor Ort!

El Rocío ■ B 2

Alljährlich zu Pfingsten erwacht der ansonsten eher ruhige kleine Ort am Rande des Naturparks Coto de Doñana zu neuem Leben. Dann streben Hunderttausende Pilger und Neugierige, die an dem farbenprächtigen Spektakel der Romería del Rocío teilnehmen (→ S. 105), in das Dorf. Ziel der Wallfahrer ist die Kirche Nuestra Señora del Rocío, in der »La Rocina« aufbewahrt wird. Die Geschichte dieser Marienstatue reicht bis in frühchristliche Zeit zurück. Damals soll das Bildnis einer Madonna vor den Mauren im Wald versteckt worden sein. Erst Jahrhunderte später fanden Jäger die Statue der Maria, für die Alfons X. 1275 eine Kapelle stiftete.

Huelva ■ B2

Die 145 000 Einwohner zählende Provinzhauptstadt ist von geringem touristischem Reiz, da attraktive Sehenswürdigkeiten fehlen. Die günstige Lage zwischen den Flüssen Río Tinto und Río Odiel ließ in diesem Gebiet schon früh Siedlungen entstehen. Die Tartesser bezeichneten ihre Niederlassung als Onos Baal, Festung von Baal; die Römer nannten sie Onuba Esturia, und die Araber verliehen ihr nach der Einnahme 713 den Namen Welba. Das Intermezzo der arabischen Herrschaft über die Stadt beendete Alfons X. im Jahr 1257. Während der Zeit der großen Entdeckungsreisen erlebte Huelva seine Blüte, doch ein Erdbeben zerstörte 1755 große Teile der Stadt.

Zu den wenigen erhaltenen historischen Bauwerken zählen die Kirchen San Pedro und La Concepción, beide aus dem 16. Jahrhundert, sowie das ehemalige Mercedarierkloster, dessen schlichte Kirche La Merced (18. Jh.) heute als Kathedrale dient. Eine Besonderheit ist das so genannte britische Viertel Barrio de los Ingleses. Seine kleinen Häuser in englischem Stil wurden von einer britischen Minengesellschaft errichtet. Einen Überblick über die Siedlungsgeschichte und den Jahrtausende währenden Erzabbau der Region verschafft man sich im Provinzmuseum. Hier befindet sich auch eine kleine Abteilung für Schöne Künste (Alameda Sundheim 13, Mo–Fr 8.30–14.30 Uhr).

An das Stadtgebiet schließen sich die Odielmarschen an. In diesem mehr als 7000 Hektar großen Naturschutzgebiet brüten und leben bedeutende Kolonien von Reihern, Löfflern und Flamingos. Insgesamt zählten die Wissenschaftler hier mehr als 200 Vogelarten. Der Küstenabschnitt zwischen Huelva und der portugiesischen Grenze, noch vor einigen Jahren nur von kleineren Fischerorten besetzt, öffnet sich mehr und mehr dem Tourismus – die Bauwut scheint auch hier ungebrochen.

Niebla ■ B2

Vor allem seiner interessanten und imposanten Stadtmauer wegen lohnt der 4000 Einwohner zählende Ort einen Stopp. Der Grundstein für die fast 2 Kilometer lange Stadtmauer, die das

Mittelpunkt der berühmtesten Wallfahrt Andalusiens ist diese Marienstatue. An Pfingsten pilgern ihr zu Ehren Hunderttausende in den kleinen Ort El Rocío.

historische Zentrum heute noch komplett umgibt, wurde von den Tartessern gelegt; der Großteil der heute sichtbaren Teile stammt jedoch aus maurischer Hand. Die bis zu 16 Meter hohen und 14 Meter dicken Mauern mit ihren über 46 Wehrtürmen öffnen sich in fünf Toren, die deutliche Spuren maurischen Kunsthandwerks aufweisen. Innerhalb der Stadtmauern vereint die Kirche Santa María de la Granada Merkmale einer Moschee mit Elementen einer frühmudéjaren Kirche aus der zweiten Hälfte des 13. Jahrhunderts.

Parque Nacional de Coto de Doñana ■ B 2-3

Der bedeutendste Nationalpark Spaniens und einer der wichtigsten ganz Europas, nimmt eine Fläche von 75 000 Hektar des Guadalquivir-Deltas ein. Ihr einzigartiges Ökosystem verdankt diese Region der Tatsache, dass sie jahrhundertelang als Jagdrevier (»coto«) des Königs diente. Hier entstanden keine festen Siedlungen, so dass sich Tiere und Pflanzen in dem schwer zugänglichen Marschland relativ ungestört entwickeln konnten. Anerkennung hat der Nationalpark auch bei der UNESCO gefunden. Sie hat das Feuchtbiotop zum »Reservat der Biosphäre« erklärt. Die größte Bedeutung hat der Nationalpark auf Grund seiner Vogelpopulation: Hier nisten Kraniche, Reiher und Flamingos, sogar der selten gewordene Kaiseradler kreist am Himmel. Im Winter finden mehrere Hunderttausend Vögel in der Marsch Nahrung und Ruhe. Daneben sind im Nationalpark auch Säugetiere heimisch, wie Dam- und Rothirsche, Luchse und Wildkatzen, Füchse und Dachse. Auskünfte erhalten Sie im Informationszentrum La Rocina an der Straße von El Rocío nach Matalascañas (tgl. 8–19 Uhr). Hier starten um 8.30 und 17 Uhr auch geführte Touren, für die sich eine Voranmeldung empfiehlt (pro Person 16,50 €, Tel. 9 59/43 04 32).

MERIAN-Tipp

Minen von Ríotinto *Auf eine mehr als 5000-jährige Geschichte können die Erzminen im Norden der Provinz Huelva zurückblicken; sie gehören damit zu den ältesten noch arbeitenden Minen der Welt. Einen guten Einblick in die Erzgewinnung seit ihren Anfängen bietet das Bergwerksmuseum in Minas de Ríotinto (Di–So 10–14 Uhr). Hier bekommt man Eintrittskarten für die Corta Atalaya, eine der größten Tagebaustätten Europas, sowie für eine Fahrt mit der alten Bergwerkseisenbahn aus den Anfängen unseres Jahrhunderts. In der Nähe des Ortes verweist die Nekropolis de la Dehesa darauf, dass bereits die Römer hier ansässig waren, um Erz abzubauen.* ■ *B 2*

THEMA: Land der Prozessionen, Wall- und Pilgerfahrten

Kaum eine Woche vergeht im Süden Spaniens ohne eine lokale Feierlichkeit – die offizielle Statistik erfasst mehr als 3000 kleinere und größere Feste, darunter zahlreiche Pilgerfahrten, »romerías«, zu Ehren der Jungfrau Maria oder eines bestimmten Heiligen. Am bekanntesten ist die Romería de Rocío, die alljährlich Ende Mai fast eine Million Pilger in ihren Bann zieht. Sie kommen von überall her und sind meist mehrere Tage unterwegs, zu Fuß, zu Pferd, mit Karren, Autos und Traktoren. Ihr Ziel ist El Rocío, ein kleiner Ort am Rande des Parque Naturál Coto de Doñana, wo seit dem 13. Jahrhundert die Virgen del Rocío verehrt wird. In der Nacht zum Pfingstmontag schultern junge Männer das prächtig geschmückte Bildnis der Jungfrau und tragen es auf den Kirchplatz hinaus. Zug und Aufenthalt sind mit Tanz und Gesang verknüpft, genächtigt wird oft auf freiem Feld. Eine weitere bekannte Romería findet am letzten Aprilwochenende in Andújar statt, wo mehrere Hunderttausend Menschen die Virgen de la Cabeza ehren.

In Cabra feiern die Gitanos am dritten Junisonntag die Romería de Cristo de los Gitanos, in Obejo kann man der Romería de San Benito beiwohnen, bei der sogar noch alte Schwerttänze aufgeführt werden.

Während der Karwoche häufen sich die Feierlichkeiten. Neben den Prozessionen in Málaga, Granada und Córdoba haben vor allem die Prozessionen von Sevilla Weltruhm erlangt. Mehr als hundert religiöse Figuren werden während der Semana Santa durch die Straßen getragen, begleitet von den Gesängen zum Lobpreis der heiligen Jungfrau. Höhepunkt der Umzüge ist die Nacht von Gründonnerstag auf Karfreitag, wenn die Virgen de la Macarena zur Kathedrale gebracht wird.

Semana Santa – Karwoche in Andalusien. Seit dem 16. Jahrhundert bereiten zu Bruderschaften zusammengeschlossene Büßer die feierlichen Prozessionen vor.

DIE PROVINZ JAÉN

Die Provinz im Nordosten Andalusiens liegt etwas abseits der großen Touristenströme. Das ist auf den ersten Blick nicht weiter verwunderlich, verfügt sie doch weder über Küsten noch über glanzvolle städtische Zentren. Der Reiz Jaéns liegt eher in den weniger spektakulären kulturellen Zeugnissen und einer großartigen Landschaft, die in vier Naturparks bewahrt wird. Besucher fasziniert die fast alpin anmutende Gebirgswelt

mit ihren steilen Gipfeln und den tiefen, engen Tälern. Heute beherrscht der in Monokultur angebaute Ölbaum die Provinz – er wurde übrigens erstmals von den Phöniziern hier angepflanzt.

Das kulturelle Erbe Jaéns wird in erster Linie von der Renaissance bestimmt. Dafür stehen insbesondere die Städte Úbeda und Baeza. Das 16. und

Weite Olivenhaine, die im Besitz weniger Großgrundbesitzer sind, prägen das Gesicht der Provinz Jaén.

17. Jahrhundert scheint hier in Palästen, zivilen Bauten und Wohngebäuden wieder aufzuerstehen. Insgesamt sind beide eher etwas verschlafene Provinzstädtchen, die man im Zentrum leicht durchlaufen und durchstöbern kann.

Alcalá la Real ■ E 2

Im oberen Teil der Stadt blieb der Festungskomplex La Mota mit seinen Wachtürmen weitgehend erhalten. Innerhalb der Burgmauern sind Reste der Kirche Santa María la Mayor zu besichtigen. Die Abteikirche, die im Übergangsstil der Gotik zu Renaissance erbaut wurde, fiel 1808 einem Feuer zum Opfer. In der Altstadt sind einige herrschaftliche Paläste verstreut, von denen vor allem der Palacio Abacial im Stil der Renaissance besichtigenswert ist.

Andújar ■ D 1

Zentrum des Ortes ist die nette Plaza de España. Nicht weit entfernt liegt die Kirche Santa María, ein dreischiffiges Gotteshaus, das im 13. Jahrhundert an der Stelle einer Moschee errichtet wurde. Im Inneren zwei sehenswerte Gemälde: »Das Gebet Christi am Ölberg« von El Greco und die »Unbefleckte Jungfrau« von Pacheco. Der Uhrturm an der Plaza de Santa María stammt aus dem 16. Jahrhundert und wurde zu Ehren Karl V. errichtet.

Baeza ■ E 1

Ihre Blüte erlangte die Stadt im 16. Jahrhundert; ein Großteil der erhaltenen Paläste und Kirchen stammt aus jener Zeit. Im Jahre 1542 erhielt Baeza gar eine Universität, was ihre Bedeutung im damaligen spanischen Reich zum Ausdruck bringt. Baeza ist wie Úbeda ein Zentrum der Renaissance, worauf noch heute die Architektur zahlreicher Adelspaläste hinweist.

Sehenswertes

Ayuntamiento (Rathaus)
Das Ende des 16. Jahrhunderts errichtete, ursprünglich als Gefängnis und Gerichtshof genutzte Gebäude zählt zu den schönsten Baudenkmälern der Stadt und wird dem Architekten Vandelvira zugeschrieben.
Plaza Cardenal Benavides

Catedral de Santa María
Während das Portal Puerta del Perdón gotisch ist, zeigt die Puerta de la Luna noch deutlich maurische Stilelemente. Der gotische Kreuzgang birgt an der Südseite drei Kapellen im Mudéjarstil. Sehenswert die Capilla del Sagrario mit einem kunstvoll ausgeführten Eisengitter von Meister Bartolomé aus Jaén, die sechseckige, schmiedeeiserne Kanzel aus dem Jahr 1580 und die Capilla Mayor mit ihrem Sterngewölbe und einem Barockretabel.
Plaza de Santa María

Iglesia de la Santa Cruz
Gegenüber dem Palacio de Jabalquinto erhebt sich dieses seltene Beispiel für Reste romanischer Architektur in Andalusien.
Cuesta de San Felipe Neri

Palacio de Jabalquinto
Der Palast fasziniert durch seinen gotisch-isabellinischen Fassadenschmuck, der im Wesentlichen auf das Ende des 15. Jahrhunderts zurückgeht.
Cuesta de San Felipe Neri

Plaza del Pópulo
Die gute Stube der Stadt und Anziehungspunkt für Touristen ist die von stattlichen Bauten gerahmte Plaza del Pópulo, auch Plaza de los Leones genannt. Hier erhebt sich mit der Antigua Carnicería, dem früheren Schlachthaus, ein Renaissancebau des 16. Jahrhunderts. Aus dem ersten Drittel des 16. Jahrhunderts stammt die Casa del Pópulo, hinter deren plataresker Fassade sich heute das Tourismusbüro befindet. Die mit liegenden Löwen geschmückte Fuente de los Leones ist römischen Ursprungs und stammt aus den Ruinen der Stadt Castulo.

Hotels/andere Unterkünfte

Hospedería Fuentenueva M
In einem ehemaligen Frauengefängnis laden nett eingerichtete Zimmer zu einem behaglichen Aufenthalt ein.
Alcalde Puche Pardo, nahe Busbahnhof; Tel. 953/740100; 12 Zimmer ★★ AmEx DINERS EC VISA

Den Übergang von der Spätgotik zur Renaissance markiert die Kirche Santa María la Mayor, die im Unabhängigkeitskrieg (1808) einem Brand zum Opfer fiel.

Baños de la Encina ■ E 1

Das gut erhaltene Kastell Burgalimar (10. Jh.) ist mit seinen mächtigen Mauern und 14 Türmen ein bemerkenswertes Beispiel für eine arabische Festung im ehemaligen Grenzgebiet.

Cazorla ■ E 2

Heute erweist sich das 9000 Einwohner zählende Bergstädtchen mit seinen engen Gassen und netten Plätzen vor allem als Ausgangspunkt zur Erkundung des nahen Naturparks Parque Natural de Cazorla, Segura y Las Villas (→ MERIAN-Tipp s. unten). Von einer maurischen Burg sind nur noch Ruinen vorhanden, dagegen blieb das Castillo de la Yedra aus dem 14. Jahrhundert gut erhalten. In ihm ist auch ein kleines Volkskundemuseum untergebracht. Aus den drei Hauptplätzen der Stadt sticht die Plaza de Santa María hervor mit ihrem Renaissancebrunnen und der im 16. Jahrhundert von Andrés de Vandelvira errichteten und heute nur noch als Ruine existierenden Kirche Santa María.

Hotels/andere Unterkünfte

Aparthotel Los Ranchales
Das Hotel liegt am Eingang des Naturparks und ist ein ausgezeichnetes Standquartier für dessen Erkundung.
Carretera de la Sierra, km 21; 23 478 Cazorla; Tel. 953/72 70 49, Fax 72 71 15; 10 Zimmer, 30 Bungalows ★★ EC VISA

Jaén ■ E 2

Wegen der mächtigen Festung spielte die Stadt jahrhundertelang eine wichtige Rolle im Grenzbereich. Heute zeigt sich Jaén mit seinen kaum mehr als 100 000 Einwohnern eher von provinziellem Charme.

Sehenswertes

Castillo de Santa Catalina
Von einem Aussichtspunkt genießt man einen schönen Blick über die Stadt und die umliegenden Olivenpflanzungen.
Cerro de Santa Catalina; Do–Di 10.30–13.30 Uhr; Eintritt frei

MERIAN-Tipp

Parque Natural de Cazorla, Segura y Las Villas *Mit einer Fläche von 200 000 Hektar gehört dieser größte Naturpark Spaniens zu den grünen Lungen des Landes. Hier, wo Guadalquivir und Segura entspringen und Kiefern-, Pinien- und Fichtenwäldern durchfließen, hat sich eine variantenreiche Fauna und Flora erhalten: Bergziegen, Steinböcke, Hirsche und Mufflonschafe sind im Park heimisch. Mehr als 100 Vogelarten kann man hier beobachten, darunter sogar einige Exemplare der seltenen Lämmergeier, die eine Flügelspannweite von 3 Metern erreichen.* ■ *F 1-2*

Catedral
Wo sich einst die Hauptmoschee der Stadt befand, erhebt sich heute die mächtige Kathedrale der Stadt. Mit ihrem Bau begann man Mitte des 16. Jahrhunderts nach Plänen und unter Beteiligung von Andrés de Vandelvira. Erst im 18. Jahrhundert wurde die dreischiffige Kirche endgültig fertig gestellt – ohne ihren Renaissancecharakter zu verlieren. Beachtung verdient die Südfassade von Vandelvira. Im Inneren zieht die Vierungskuppel die Blicke auf sich; die Schnitzereien des Chorgestühls stammen aus dem frühen 16. Jahrhundert.
Plaza de Santa María; tgl. 8.30–13 und 17–20 Uhr

Iglesia de la Magdalena
Wie viele christliche Gotteshäuser Andalusiens wurde auch diese Kirche über einer arabischen Moschee errichtet; sie stammt in ihren ältesten Teilen aus dem 15. Jahrhundert. Prunkstück im Inneren ist eine Kreuzigungsskulptur von Jacobo Florentino (1478–1526), einem Schüler Michelangelos.
Plaza de la Magdalena; tgl. 18–20 Uhr

Iglesia San Ildefonso
Unweit der Kathedrale erhebt sich diese zweitgrößte Kirche der Stadt. Zu den Portalen im Stil der Gotik und der Renaissance

Malerisch liegt der Ort Cazorla zu Füßen des Castillo de la Yedra.

fügte das 18. Jahrhundert ein barockes Eingangstor.
Plaza de San Ildefonso; tgl. 8.30–12 und 18–21 Uhr

Palacio de los Villardompardo
Der Renaissancepalast birgt gleich mehrere Sehenswürdigkeiten. Im Keller kann man die interessanten restaurierten Baños Árabes bewundern. Sie gehören zu den größten erhaltenen maurischen Badeanlagen auf spanischem Boden. Im selben Gebäude sind auch das Museum für Volkskunst und ein Museum für Internationale Naive Kunst untergebracht.
Plaza de Santa Luiza de Marillac Di–Fr 9–20, Sa, So 9.30–14.30 Uhr, an Feiertagen geschl.

Museen

Museo de Arte Popular
→ Palacio de los Villardompardo, s. oben

Museo Provincial
Das Provinzmuseum birgt sehenswerte Ausstellungsstücke zur iberischen und römischen Kulturepoche. Auch Funde aus der Steinzeit und Hinweise auf die zahlreichen Wandmalereien, die in den Höhlen der Region erhalten blieben, werden präsentiert. Auch eine Gemäldegalerie ist hier untergebracht.
Paseo de la Estación 27; Di 15–20, Mi–Sa 9–20, So 9–15 Uhr; Eintritt frei

Hotels/andere Unterkünfte

Parador de Jaén
Ausstattung und Ambiente der edlen Herberge erinnern an eine Ritterburg. Der Ausblick auf Stadt und Sierra Morena ist grandios.
Castillo de Santa Catalina, 23007 Jaén; Tel. 953/230000, Fax 230930; 45 Zimmer ★★★ AmEx DINERS EC VISA

Allgemeine Informationen

Auskunft
Oficina de Turismo de la Junta de Andalucía
Arquitecto Berges 1; Tel. 953/222737, Fax 222737; Mo–Fr 9–19 Uhr, Sa 9–14 Uhr

Martos ■ E 2

Mit seinen weißen Häusern und engen Gassen drängt der Ort sich an einen steilen Felsen, der von den sehenswerten Resten der einst maurischen Festung Castillo de la Peña gekrönt wird. Die Kirche Santa María im historischen Zentrum an der Plaza de la Constitución stammt aus dem 13. Jahrhundert, erlebte jedoch im 15. und 19. Jahrhundert erhebliche Veränderungen.
Am selben Platz befindet sich auch das Rathaus, das 1577 fertig gestellt wurde; es ist ein Werk Francisco del Castillos.

Úbeda ■ E 1

Als wichtige Handelsstadt erlangte Úbeda vor allem im 16. und 17. Jahrhundert große Bedeutung; aus dieser Zeit stammen auch die meisten der heute noch erhaltenen Baudenkmäler. Wie die Stadt Baeza (→ S. 108) ist auch Úbeda daher ein Musterbeispiel für die Architektur der Renaissance in Andalusien.

Sehenswertes

Hospital Santiago
Der schlichte Renaissancebau zählt zu den Spätwerken von Andrés de Vandelvira und diente lange Zeit als Krankenhaus. Heute ist hier das Fremdenverkehrsbüro der Stadt untergebracht.
C. del Obispo Cobos

Plaza de Vázquez de Molina
Der Hauptplatz auf dem Altstadthügel wird von mehreren sehenswerten Renaissancegebäuden umgeben. Die im Jahre 1536 von Diego de Siloe entworfene und von Andrés de Vandelvira ausgeführte Sacra Capilla del Salvador ist ohne Zweifel eine der schönsten Renaissancekirchen Andalusiens. Beeindruckend ihre Westfassade mit außergewöhnlichen, runden Ecktürmen. Im Inneren des Gotteshauses mit seinem gotischen Kreuzgewölbe und dem von einem Rippengewölbe überspannten Altarraum ist das Chorgitter vor der Capilla Mayor aus der Mitte des 16. Jahrhunderts einen Blick wert. Die von Vandelvira reich geschmückte Sakristei zählt zu seinen besonders gelungenen Arbeiten. Das sich an die Kirche anschließende Hospital del Salvador geht ebenfalls auf einen Entwurf von Vandelvira zurück und wurde Ende des 16. Jahrhunderts errichtet. Gleich neben der Kirche ist in einem schönen Renaissancepalast ein staatlicher Parador Nacional untergebracht, dessen Innenhof mit Galerie einen Besuch verdient. Im von steinernen Löwen bewachten Palacio de las Cadenas, ebenfalls von Vandelvira errichtet, befindet sich heute das Rathaus. Auffallend ist die Fassade. Der Baumeister wählte für jedes der drei Stockwerke unterschiedliche Säulenformen. Gegenüber, hinter einem kleinen Park, erhebt sich die Kirche Santa María de los Reales Alcázares, ein im Laufe der Jahrhunderte mehrfach veränderter Kirchenbau mit einem schönen gotischen Kreuzgang.

Plaza del Primero de Mayo
An der Nordseite des Platzes erhebt sich die dreischiffige Kirche San Pablo (14. Jh.). Hier findet man Stilelemente der Romanik, Gotik und der Renaissance – Resultat einer mehrere Jahrhunderte währenden Bauzeit. Im Inneren lohnt der Blick auf die Grabkapelle für Francisco de Vago, ein frühes Werk Vandelviras. Das Alte Rathaus, Ayuntamiento viejo, schräg gegenüber wurde Anfang des 16. Jahrhunderts errichtet.

DIE PROVINZ MÁLAGA

Millionen von Urlaubern brechen vom Flughafen von Málaga zu den Ferienzielen an der berühmten Costa del Sol auf. Ortsnamen wie Torremolinos, Benalmádena, Fuengirola, Marbella oder Estepona südwestlich von Málaga stehen für ein endlos erscheinendes Band von ineinander übergehenden Küstensiedlungen, die seit vielen Jahren im Zentrum des andalusischen Tourismus stehen. Die gesamte Infrastruktur ist hier

dem Tourismus untergeordnet: Hotels, Restaurants, Bars, Geschäfte, Diskotheken und Golfplätze haben große Teile der Küste in Beschlag genommen. Gutes Wetter und schöne Strände sind Garanten für einen schier endlos erscheinenden Touristen-

Dreh- und Angelpunkt der Stadt Málaga ist ihr geschäftiger Mittelmeerhafen.

strom. Die aus dem Boden gestampften Badezentren weisen kaum einen eigenen Charakter auf, auch wenn Orte wie Nerja und Marbella noch einige versteckte Ecken erkennen lassen, die auf frühere Zeiten verweisen.

Doch die Provinz Málaga ist keineswegs nur auf die Costa del Sol und reinen Badetourismus zu reduzieren. Das Hinterland bietet eine Reihe von lohnenden Zielen, die zu mehr als kurzen Tagesausflügen verleiten. Da lockt die Axarquía östlich von Málaga mit kleinen, versteckten Dörfern, in denen das Erbe der maurischen Vergangenheit noch deutlich zu spüren ist. Da fasziniert die Stadt Ronda mit ihrer einzigartigen Lage. Steinzeitliche Spuren wie die Höhlenmalereien der Cueva de la Pileta oder die Steinzeitgräber in Antequera verweisen auf die lange Siedlungstradition dieser Gegend. Wer es ruhiger möchte, der besucht den Naturpark Sierra de las Nieves mit seiner geschützten Pflanzen- und Tierwelt oder genießt die zum Teil wildromantische Gegend rund um den Stausee Embalse del Conde del Guadalhorce.

Antequera ■ D 2

Die Geschichte des 42 000 Einwohner zählenden Ortes reicht bis in die Jungsteinzeit zurück, wie sehenswerte Grabanlagen verdeutlichen. Im Jahr 1410 wurde der Ort der maurischen Herrschaft entrissen und erlebte in den folgenden Jahrhunderten einen beachtenswerten wirtschaftlichen Aufschwung. Davon zeugen bis heute zahlreiche Kirchen, die sich auf engstem Raum drängen. Den besten Überblick erhalten Sie vom Alcazaba aus: Die ehemalige maurische Festungsanlage ist nur noch in Resten erhalten, doch schließen sich schöne Gärten an. Ein Spaziergang durch das nette Stadtzentrum mit seinen engen Gassen führt zur Real Colegiata de Santa María la Mayor auf der gleichnamigen Plaza. Vor allem die Fassade der Anfang des 16. Jahrhunderts errichteten Kirche, eines der schönsten Beispiele der andalusischen Renaissance, lenkt die Blicke auf sich. Im Inneren sind die mudéjaren Decken von Interesse (Di–Fr 10.30–14 und 16.30–18.30, Sa 10.30–14, So 11.30–14 Uhr)

Auffallend ragt der mudéjarbarocke Turm der Iglesia de San Sebastián aus dem Häusergewirr. Er wurde um 1700 errichtet. Die dreischiffige Renaissancekirche selbst stammt aus der Mitte des 16. Jahrhundert, erfuhr jedoch in den folgenden Jahrhunderten zahlreiche Umgestaltungen (Di–So 10–14 Uhr).

Außerhalb des Stadtzentrums liegt der Dolmen El Romeral. Die Grabanlage besteht aus einem längeren Gang, der sich in eine wabenförmige Kammer öffnet. Diese verengt sich nach oben und wird von einer gewaltigen Steinplatte abgedeckt. Es folgt ein weiterer Gang aus großen Steinblöcken mit einer wabenförmigen Grabkammer; ein schwerer horizontaler Steinblock diente möglicherweise Opferzeremonien oder dem Ablegen des Leichnams. Die Grab-

THEMA: *Flamenco – Ausdruck eines Lebensgefühls*

Breite Bevölkerungsschichten erreichte die Kunst des Flamenco durch berühmte Interpreten: Joaquín Cortés, Paco de Lucia oder Carlos Saura. Während sie mit Tanzaufführungen, Gitarrenspiel und Kinofilmen den Flamenco hoffähig machen, reagieren Puristen unter den Flamencoliebhabern abwehrend, hat ihrer Meinung nach doch die millionenfache Vermarktung des Flamenco zu einer Verflachung und Verfälschung dieser typisch andalusischen Kultur geführt. Was aber ist die typische Form des Flamenco? Um diese Frage zu klären, müssen wir auf seine Geschichte blicken.

Ende des 15. Jahrhunderts wanderten die »gitanos« in Spanien ein und brachten ihre eigene Musik aus dem indischen und arabischen Kulturkreis mit. In Verbindung mit der Musik Spaniens, die unter anderem maurische und hebräische Elemente enthielt, entwickelte sich Ende des 18., Anfang des 19. Jahrhunderts der Flamenco. Er hatte seinen Platz ausschließlich in der gitano-andalusischen Gesellschaft. Erst Mitte des letzten Jahrhunderts trat der Flamenco an die »weite« Öffentlichkeit, wurde aus seiner natürlichen Umgebung gerissen und wanderte auf die Bühnen von Theatern und Cafés. Ursprünglich war der Flamenco nur »cante jondo«, eine nicht zufällig meist traurige, tief emotionale Weise, improvisiert vorgetragen, ohne Instrumentalbegleitung und Tanz; lediglich das Klatschen der Hände oder das rhythmische Klopfen mit den Fingerknöcheln begleitet den Gesang. Gitarre und Tanz dienen beim traditionellen Flamenco nur der Interpretation des Liedes, stellen eine Umsetzung des »cante« dar.

Auch wenn der Flamenco als genuiner Ausdruck einer Lebensform also zunehmend verloren geht, sein in die moderne Musik- und Tanzkultur eingegangenes Erbe zeigt sich umso bereichernder für unsere Musikkultur.

Die besten Interpreten des Flamenco sind naturgemäß Gitanos, an die die Kunst des »cante« von Generation zu Generation weitergegeben wird.

anlage stammt aus dem Neolithikum, aus der Zeit zwischen 3000 und 2500 v. Chr.

Ziele in der Umgebung

Archidona ■ D2

Der bereits von Karthagern und Römern militärisch genutzte Ort besitzt mit den Ruinen seiner maurischen Festung aus dem 10. Jahrhundert ein Zeugnis aus der arabischen Herrschaftszeit. Eine Besonderheit stellt die Ende des 18. Jahrhunderts errichtete Plaza Ochavada dar, deren interessante achteckige Anlage französischen Vorbildern folgt. Zusammen mit der Platzanlage entstand das Rathaus.

Laguna de Fuente de la Piedra ■ D2

Rund 20 Kilometer nordwestlich von Antequera liegt eines der letzten großen Brutgebiete für rosa Flamingos. Der von einem Feuchtgebiet umschlossene See Laguna de Fuente de la Piedra ist ab März Ziel von Tausenden Flamingos, die hier ihre Jungen großziehen, um sich Ende des Sommers wieder in südlichere Gefilde aufzuschwingen. Vogelliebhaber können eine Vielzahl weiterer Wasservögel entdecken, wie Enten- und Gänsebraten, Kraniche und Reiher – ein gutes Fernglas vorausgesetzt.

Parque Natural el Torcal ■ D3

Der nur wenige Quadratkilometer große Naturpark in einer Höhe von über 1000 Metern fasziniert vor allem durch seine von Wind und Regen skurril ausgewaschenen Kalksteinformationen. Auf markierten Pfaden lassen sich auch zahlreiche geschützte Pflanzenarten entdecken, darunter mehrere Or-

MERIAN-Tipp

Cueva de Menga *Der eindrucksvollste megalithische Grabbau von Antequera liegt gleich am Ortsausgang Richtung Granada. Zunächst passiert man die Cueva de Viera, ein bronzezeitliches Grab aus der Zeit um 1800 v. Chr., in das ein 19 Meter langer Gang führt. Die Grabkammer ist durch ein Eisengitter versperrt. Die beeindruckendste Grabanlage liegt 100 Meter weiter. Es handelt sich um die Cueva de Menga, die wohl im ausgehenden Neolithikum, ca. 2500 v. Chr., entstand. Die Grabanlage ist beeindruckende 25 Meter lang, 6 Meter breit und 3 Meter hoch. Mächtige, senkrecht gestellte Steinplatten bilden die Begrenzung an der Seite, darüber liegen vier schwere Deckplatten, von denen eine auf 180 Tonnen geschätzt wird. Ungeklärt ist, wie man diese Kolosse hierher transportiert hat. In der Mitte befinden sich drei riesige Säulen, von denen heute nur noch eine tragende Funktion erfüllt. Einige Steinritzungen stammen wohl aus späterer Zeit (Mi–So 9–15.30 Uhr; kein Eintritt, Trinkgeld für den Türöffner).*

chideen. In einem Informationszentrum erhält man weitergehende Auskünfte (Di–So 10.30–14 und 16–18 Uhr).

Málaga ■ D 3

Weit über fünf Millionen Touristen nutzen jährlich den Flughafen der Stadt als Einfallstor zu den Stränden des Mittelmeers. Die meisten bekommen Málaga nur von oben zu sehen, doch lohnt durchaus ein eintägiger Besuch in dieser mit 550 000 Einwohnern zweitgrößten Stadt Andalusiens. Grüne Boulevards wie die Alameda Principal und der Paseo del Parque laden zum Spaziergang ein, und für eine Einkaufstour bieten sich die modernen Geschäfte in der Innenstadt an. In der zweiten Augusthälfte feiert man die einwöchige Fería de Málaga, dann wird die Nacht zum Tag. Eine wirtschaftliche Blütezeit erlebte die Stadt im 16. und 17. Jahrhundert, als der Handel mit Amerika großen Reichtum ins Land brachte. Viele Gotteshäuser, die man in dieser Zeit des Wohlstands errichtete, wurden nach Ausrufung der Republik 1931 zerstört.

Sehenswertes

Alcazaba
Hoch über Hafen und Altstadt, am besten von der Calle Alcazabilla aus zu erreichen, thront die ehemalige maurische Burg und Palastanlage. Heute sind es vor allem die Gartenanlagen mit ihren Brunnen und Wasserläufen, die an die maurische Gartenkunst erinnern, in der Wasser eine zentrale Rolle spielte. Am höchsten Punkt erhebt sich die mächtige Torre del Homenaje aus der Zeit Abd ar-Rahmans I. Die ehemaligen Palasträume der Nasriden wurden rekonstruiert, daneben befinden sich die Reste eines Wohnviertels aus dem 11. Jahrhundert. Vor allem das im Burgbereich untergebrachte Museo Arqueológico ist einen Besuch wert (→ S. 120).

Auf dem Weg zur Burg passiert man ein römisches Theater, das auch heute noch für Theateraufführungen genutzt wird.
Mi–Mo 9.30–19.30 Uhr; Eintritt frei

Castillo de Gibralfaro
Mit der Alcazaba durch einen Mauergang verbunden, erheben sich auf einem nahen Hügel Reste der maurischen Festungsanlage, deren Gebäude aber größtenteils zerstört sind. Von hier oben kann man einen weiten Blick genießen, doch gilt die Gegend als nicht besonders sicher.
Tgl. 9.30–19 Uhr; Eintritt frei

Catedral de Málaga
1528 begann man mit dem Bau dieser dreischiffigen Hallenkirche an der Stelle der ehemaligen Hauptmoschee, erst zwei Jahrhunderte später wurde sie fertig gestellt. Fast – muss man exakterweise sagen, denn aus Geldmangel konnte der Südturm der Westfassade nicht vollendet werden. Daher wird die Kathedrale im Volksmund auch »La Manquita« genannt, die Einarmige. Die mächtige, 115 Meter lange und 51 Meter hohe Kirche im

»La Manquita« nennt der Volksmund die Kathedrale von Málaga, deren Westfassade ein Turm fehlt.

Stil der Renaissance wurde im Laufe ihrer langen Bauzeit mit zahlreichen barocken Elementen versehen. Im Zentrum der reichen Ausstattung steht der Chor, dessen sehenswertes Chorgestühl von verschiedenen Meistern gefertig wurde: Luis Ortiz de Vargas, José Micael Alfara und Pedro de Mena, von dem die sehenswerten 40 Heiligenfiguren stammen. Die Seitenkapellen und die Kapellen des Chorumgangs schmücken zahlreiche Skulpturen und Gemälde aus dem 16. bis 19. Jahrhundert. In der Capilla de la Virgen de los Reyes besichtigt man die Marienstatue aus dem 15. Jahrhundert; dieses Werk eines unbekannten Meisters führten die Katholischen Könige angeblich bei der Reconquista mit sich. Die Capilla Nueva birgt die Skulptur einer »Schmerzensmutter« von Pedro de Mena. Ein Gang führt in die benachbarte Iglesia del Sagrario (18. Jh.), deren isabellinisches Portal besondere Beachtung verdient.

Das Museum der Kathedrale, im gegenüberliegenden Bischofspalast untergebracht, zeigt Gemälde aus dem 16. bis 19. Jahrhundert, darunter Bilder von Luis de Morales, Juan Valdés de Leal und José de Ribera (Mo–Fr 10–12.45 und 16–18.30, Sa 10–13 Uhr).
Plaza de la Catedral; Mo–Sa 9–18.45 Uhr

Museen

Casa Natal Picasso

In diesem Haus erblickte Pablo Picasso am 25.10.1881 das Licht der Welt, und hier verbrachte er seine ersten Lebensjahre. Neben einer Bibliothek und der Picasso-Stiftung gibt es eine kleine ständige Ausstellung von Skizzen und Bildern des weltweit gefeierten Künstlers.
Plaza de la Merced 15; Di–Sa 11–14 und 17–20, So 11–14 Uhr; Eintritt frei

Museo Arqueológico

Die Exponate des besuchenswerten Museums reichen bis in die Alt- und Jungsteinzeit zurück; hier werden auch einige

Funde aus der Cueva de la Pileta bei Ronda gezeigt (→ MERIAN-Tipp S. 128). Neben iberischen und römischen Fundstücken verdienen vor allem die Exponate aus maurischer Zeit Beachtung.
Mi–Mo 9.30–19.30 Uhr; Eintritt frei

Museo de Arte y Tradiciones Populares
In der ehemaligen Herberge aus dem 17. Jahrhundert werden Handwerksgeräte und Gebrauchsgegenstände, Möbel, Trachten und Kleidungsstücke aus verschiedenen Epochen gezeigt.
Pasillo Santa Isabel; Mo–Fr 10–13 und 17–20 (im Winter 16–19 Uhr), Sa 10–13 Uhr; Eintritt 1,2 €

Museo de Bellas Artes/ Picasso-Museum
Das Museum der Schönen Künste, das in dem Renaissancebau des Palacio de Buenavista untergebracht ist, zeigt unter anderem Werke von Francisco de Zurbarán und Bartolomé Esteban Murillo, beide aus der Malerschule von Sevilla, Bilder von Alonso Cano und Antonio Muñoz Degrain, einem Lehrer Picassos. Einige Räume des Hauses belegt das Picasso-Museum.
C. San Augustín; z. Zt. geschl.

Hotels/andere Unterkünfte

Hotel Don Curro
Das alteingesessene Stadthotel bietet komfortable Zimmer und eignet sich hervorragend für die Erkundung des Zentrums.
C. Sancha de Lara 7, 29000 Málaga; Tel. 9 52/22 72 00, Fax 21 59 46; 98 Zimmer ★★★ AmEx DINERS EC VISA

Etwas außerhalb des Stadtzentrums von Málaga (→ S. 119) liegt die von Hochhäusern umgebene Stierkampfarena, die Plaza de Toros.

Parador de Málaga-Gibralfaro
M
Zimmer und Restaurant sind wie bei fast allen Paradores vom Feinsten – genügend »Kleingeld« vorausgesetzt.
Apdo. De Correos 274, 29000 Málaga; Tel. 952/22 19 02, Fax 22 19 04; 38 Zimmer ★★★ AmEx EC DINERS VISA

Einkaufen

Mercado Central
In der architektonisch interessanten mudéjaren Markthalle aus dem 19. Jahrhundert erwartet Sie eine große Auswahl an frischen Lebensmitteln.
C. Ataranzaranas, nördlich der Alameda Principal

Allgemeine Informationen

Auskunft
Oficina de Turismo
Pasaje de Chinitas 4; Tel. 952/ 21 34 45, Fax 22 94 21; Mo–Fr 9–19, Sa 10–19, So 10–14 Uhr

Ziele in der Umgebung

Nerja ■ E 3

Nur noch im Altstadtbereich ist etwas vom Charme des traditionellen weißen Dorfes zu spüren. Eine kleine, palmenbestandene Promenade zieht sich entlang des Balcón de Europa und bietet eine schöne Aussicht auf Küste und Hinterland. Wichtigstes und viel besuchtes Ausflugsziel des Badeortes sind die 4 Kilometer außerhalb gelegenen Cuevas de Nerja, Tropfsteinhöhlen mit mächtigen Stalaktiten und Stalakmiten (tgl. 10.30–14 und 15.30–18 Uhr).

In Schwindel erregender Höhe überspannt eine Brücke – Teil des Camino del Rey – die Garganta del Chorro.

MERIAN-Tipp

Garganta del Chorro *Mit der Garganta del Chorro besitzt Andalusien ein beeindruckendes Naturwunder. Der Río Guadalhorce durchfließt hier eine mehrere Kilometer lange Schlucht, deren Felsen an manchen Stellen 180 Meter tief abfallen. 1921 hat Alfons XIII. hier den berühmten Camino del Rey eröffnet, einen kühn angelegten Fußweg, der den Felseinschnitt erschließt. Von einer Begehung des in manchen Abschnitten lebensgefährlichen Steigs ist allerdings abzuraten. Lassen Sie sich vom bloßen Blick in die Schlucht, die in atemberaubender Höhe von einer Brücke überspannt wird, fesseln. Ausgangspunkt für die Besichtigung der Schlucht ist das Dorf El Chorro.* ■ *D 3*

Vélez-Málaga ■ D 3

Bis in phönizische Zeit reichen die Siedlungsspuren des malerischen Ortes zurück, der sich im fruchtbaren Tal des Flusses Vélez erstreckt. Vereinzelte Reste eines maurischen Alcazar auf dem Hügel sind unübersehbare Zeugnisse aus der Zeit der arabischen Herrschaft. Im mittelalterlichen Zentrum, das noch einiges von seinem arabischen Flair bewahrt hat, gibt es eine Reihe sehenswerter Kirchen, darunter die Iglesia de Santa María, eine mudéjare dreischiffige Kirche aus dem Anfang des 16. Jahrhunderts.

Marbella ■ D 3

In den fünfziger Jahren rückte der kleine Ort Marbella ins Blickfeld des öffentlichen Interesses. Seither gilt Marbella als Treffpunkt der Schönen und Reichen. Und in der Tat mangelt es an edlen Unterkünften und teuren Geschäften nicht. Erhalten blieb eine aus maurischer Zeit stammende, in weiten Teilen Fußgängern vorbehaltene nette Altstadt. Sie legt sich rund um die Plaza de los Naranjos mit einem Brunnen aus dem Jahr 1504 und dem Rathaus mit sehenswerten Wandmalereien aus dem 16. Jahrhundert und Resten einer maurischen Festung. Nicht weit vom Rathaus entfernt erhebt sich an der Plaza de la Iglesia die Iglesia de Nuestra Señora de la Encarnación, mit deren Bau Anfang des 18. Jahrhunderts begonnen wurde. Besondere Beachtung verdient sein viergeschossiger Turm mit keramikverziertem Dach. Nicht weit entfernt, in der Calle Hospital Bazón, ist das Museo del Grabado Español Contemporáneo in einem Krankenhaus aus dem 16. Jahrhundert untergebracht. Es stellt zeitgenössische spanische Drucke aus, darunter Werke von Miró, Dalí und Picasso (Di–Fr 11–14 und 17.30–20.15 Uhr, Eintritt 1,80 €)

Hotels/andere Unterkünfte

Club-Hotel Marbella
Das wohl berühmteste Hotel Marbellas. Es wurde in den fünfziger Jahren von Prinz Alfons von Hohenlohe gegründet. Hier heißt es: sehen und gesehen werden.
Bulvar Principe Alfonso, 29600 Marbella; Tel. 95/2 82 22 11, Fax 2 82 22 10; 65 Zimmer ★★★★
AmEx DINERS EC VISA

Ronda ■ C 3

Stadtplan → S. 127
Viele Tagesbesucher füllen die Gassen von Ronda – doch die Stadt lädt durchaus zu einem längeren Aufenthalt ein. Bereits Rainer Maria Rilke, der den Winter des Jahres 1912/1913 hier verbrachte, schwärmte von der »auf zwei Felsmassen hinaufgehäufelten Stadt«. Nicht weniger begeistert zeigte sich Ernest Hemingway, der in Rondas Stierkampfarena inspiriert wurde.

Ronda gliedert sich in drei Teile: Von Süden her erreicht man zunächst das Viertel San Francisco, an das sich die Altstadt anschließt, La Ciudad. Jen-

THEMA: Kult oder Kunst? Der Stierkampf

Vielfältig sind die Wurzeln des Stierkampfes in der Geschichte der Menschheit, Hinweise finden sich sowohl bei den Mauren, bei Phöniziern und den Minoern auf Kreta. Waren es damals kultische Akte, Teil der jeweiligen Religion, so ist Stierkampf in Spanien mittlerweile ein Spektakel, das zwar tief in der spanischen Volkskultur verwurzelt ist, jedoch viel von einem Schauspiel für Touristen an sich hat.

Die Stierkampfsaison in Spanien beginnt normalerweise im März und endet in den letzten Oktobertagen. Das Geheimnis der »corrida«, des Stierkampfes, beruht unter anderem darauf, dass der Stier die »muleta«, das bedrohlich vor ihm geschwenkte Tuch, nicht vom Matador unterscheidet und diesen zunächst nicht als eigentlichen Gegner erkennt. Hat der Stier diese Täuschung einmal durchschaut, wird es für den Matador lebensgefährlich. Der Kampf dauert im Schnitt nur 15 bis 20 Minuten, und ein spanisches Sprichwort besagt, dass ein Stier in 20 Minuten mehr lerne als ein Mensch in seinem ganzen Leben.

Der Stierkampf gliedert sich in drei Phasen: In der ersten Phase, dem »tercio de varas«, stürmt der Stier in die Arena, nachdem er normalerweise mehrere Stunden in einer dunklen Box verbracht hat. Die »picadores«, berittene Lanzenträger, verletzen nun die Nackenmuskeln des Stiers mit ihren Lanzen. Im zweiten Akt stoßen die »banderilleros« mit bunten Bändern geschmückte Stäbe in die Nackenmuskeln des Stiers. Im »tercio de muleta« kommt es zum Zweikampf zwischen Stier und Matador (Töter). Der wütende Stier wird durch das Schwenken der »muleta« zusätzlich gereizt und ermüdet, der Matador versetzt ihm schließlich mit dem Degen den Todesstoß. Trifft der Matador nicht präzise, endet das aufregende Spektakel in einem unappetitlichen Abschlachten.

Nur kurze Zeit vergeht, bis der Stier erkennt, dass sein wahrer Feind nicht das rote Tuch, sondern der Mensch ist.

seits der Schlucht des Río Guadalevin, Tajo genannt, erstreckt sich das neuere Viertel El Mercadillo (»kleiner Markt«).

Sehenswertes

Baños Árabes ■ b 3
Unweit der beiden aus maurischer Zeit stammenden Brücken, der Puente Romano und der Puente Arabe (auch Puente Viejo), liegt eine der besterhaltenen maurischen Badeanlagen des Landes. Die drei Räume der aus dem 13./14. Jahrhundert stammenden Anlage erhalten Licht durch charakteristische Öffnungen im Dach. Der größte Raum ist durch Säulen in drei Schiffe geteilt. Das Wasser holte man sich mittels eines Schöpfrades aus dem Fluss.
Di–So 9–14 und 16–18 Uhr; Eintritt frei

Casa del Gigante ■ b 3
Das Haus des Riesen, so genannt nach einem Steinrelief am Gebäude, stammt aus der 1. Hälfte des 14. Jahrhunderts. Mit seinem netten Innenhof ist es das sehenswerteste Haus jener Zeit.
Plaza del Gigante

Casa del Rey Moro ■ b 3
Das »Haus des Maurenkönigs« stammt aus dem 18. Jahrhundert und wurde vermutlich an der Stelle eines maurischen Palastes errichtet. Interessant sind seine hängenden Gärten über dem Abgrund mit Blick auf den Fluss. Von hier aus führen 365 steile Treppen hinunter zum Río Guadalevin. Der Legende nach mussten unter den Mauren einst christliche Sklaven die über 300 Stufen zum Fluss hinabsteigen, um Wasser zu holen.
C. Santo Domingo; tgl. 10–19 Uhr; Eintritt 3 €

Palacio de Mondragón ■ a 3-4
Der Palast, in dem einst maurische Herrscher lebten und zeitweise auch die Katholischen Könige abstiegen, zeigt sich in seiner heutigen Gestalt als mudéjarer Renaissancebau des 16. Jahrhunderts. Der Palast verfügt über mehrere Höfe und einen Garten mit schönem Blick auf die direkt unterhalb gelegene Schlucht. Heute birgt das Gebäude ein sehenswertes kleines Museum mit prähistorischen Funden (Mo–Fr 10–19, Sa, So 10–15 Uhr).
Plaza Mandragón

Palacio del Marqués de Salvatierra ■ b 3
Der Palast aus dem 18. Jahrhundert besitzt über seinem barocken Portal einen bemerkenswerten Fassadenschmuck: Vier nackte indianische Figuren erinnern an die engen Beziehungen, welche die adligen Besitzer zu Lateinamerika unterhielten.
C. Santo Domingo

Plaza de Toros ■ a 2
300 Meter hinter der Puente Nuevo liegt eine der berühmtesten Stierkampfarenen Spaniens. 1785 fertig gestellt, zählt sie auch zu den ältesten des Landes. Die Arena hat einen Durchmesser von 66 Metern. Auf den Rängen, die als zweigeschossige Arkaden mit toskanischen Säulen gestaltet sind, können 5000 Besucher die

Corrida verfolgen. Hier kämpfte auch Pedro Romero (1754–1839), der Tausenden Stieren den Todesstoß versetzt haben soll. Im angeschlossenen Stierkampfmuseum können Sie sich von der Tradition des Stierkampfs in Ronda überzeugen und etliche Utensilien bewundern.
Tgl. 10–19 Uhr

Puente Nuevo ■ b 3
Seit dem Ende des 18. Jahrhunderts überspannt diese spektakuläre Brücke als dritte Verbindung die Schlucht. Der Raum über dem mittleren Bogen diente einst als Gefängnis. Die Brücke mündet in die Plaza de España, das touristische Zentrum der Stadt.

Puerta de Almocábar ■ b 4
Zwei Rundtürme flankieren dieses Tor, über das man die Stadt seit dem 13. Jahrhundert nach Süden verlässt. Gleich daneben die kleinere Puerta de Carlos I., die erst Mitte des 16. Jahrhunderts erbaut wurde.

Santa María la Mayor ■ b 3-4
An der Plaza, wo einst Turniere ausgetragen wurden, erhebt sich die dreischiffige Kirche aus dem ausgehenden 15. Jahrhundert. Noch heute ist erkennbar, dass der im mudéjaren Stil errichtete Glockenturm auf denFundamenten eines Minaretts ruht. Im Kircheninneren blieb der Mihrab, die Gebetsnische, erhalten. Eine Besonderheit ist der doppelgeschossige Balkon an der Außenseite, von dem aus Würdenträger den Wettkämpfen folgen konnten.
Plaza Duquesa de Parcent;
tgl. 10–20 Uhr

Museen

Museo del Bandolero ■ b 4
Dieses Museum erinnert an die »bandoleros«, welche die Reichen beraubten und einen Teil der Beute an die Armen abgaben.
C. Arminán 65; tgl. 10–18 Uhr;
Eintritt 1,20 €

Hotels/andere Unterkünfte

Hotel Reina Victoria ■ a 1
Im Zimmer Nr. 208 wohnte Rainer Maria Rilke 1912 bis 1913.
C. Jerez 25, 29400 Ronda; Tel./Fax 9 52/87 12 40; 90 Zimmer ★★★
AmEx EC DINERS VISA

Parador de Ronda MM ■ a 2-3
Moderner Bau mit futuristischem Eingangsbereich direkt an der Puente Nuevo.
Plaza de España, 29400 Ronda; Tel. 9 52/87 75 00, Fax 87 81 88; 78 Zimmer ★★★ AmEx DINERS EC VISA

MERIAN-Tipp

Cueva de la Pileta *In der Nähe des Dorfes Benajoán liegt diese bedeutende Stätte früher menschlicher Kultur, die über Jahrtausende hinweg bewohnt war und wohl auch Kultzwecken diente. Hier hat man Felszeichnungen gefunden, die auf die Zeit zwischen 20 000 und 10 000 v. Chr. datiert wurden. Die in Rot und Braun gehaltenen Farbzeichnungen stellen Menschen und Tiere dar. Neben Stieren, Pferden, Fischen, Ziegen und einem Hirsch gibt es Zeichen, die noch nicht enträtselt sind. Teilweise dienten sie wohl magischen Beschwörungen. In der Höhle wurden auch Knochen, Werkzeuge und Keramikgegenstände entdeckt. Nur eine beschränkte Zahl Besucher kann an den Höhlenführungen teilnehmen, die an kleinen Seen und bizarren Tropfsteinen vorbeiführen. Festes Schuhwerk und Jacke nicht vergessen! (Tgl. 10–13 und 16–17 Uhr, im Sommer bis 18 Uhr; Eintritt 5 €)* ■ *C 3*

Essen und Trinken

Don Miguel
In bester Lage direkt an der zentralen Plaza España. Gute Wildgerichte.
Plaza de España; Tel. 9 52/87 10 90
★★★ AmEx DINERS EC VISA

Allgemeine Informationen

Auskunft
Oficina de Turismo ■ ab 2
Plaza de España 1; Tel. 9 52/ 87 12 72; Mo–Fr 10–14 und 16–18.30, Sa 10.30–14.30 Uhr

In die Schlucht von Ronda führen mehrere Wege. Der längste und bequemste Pfad, der Camino de los Molinos, beginnt an der Puerta de Almocóbar.

Ziele in der Umgebung

Parque Natural Sierra de las Nieves ■ CD 3

Das Naturschutzgebiet südöstlich von Ronda ist eine raue, von tiefen Schluchten und Höhen bis zu knapp 2000 Metern geprägte Landschaft. Bemerkenswert sind die hier zu findenden Pinsapo-Tannen. Im Park gibt es Steinböcke, Königsadler und Mufflons.

Ronda la Vieja ■ C 3

Das alte Ronda erstreckt sich auf einem knapp 1000 Meter hohen Plateau 20 Kilometer nordwestlich von Ronda. Im 1. Jahrhundert war es eine der wichtigsten römischen Städte Andalusiens. Ronda la Vieja wurde im 5. Jahrhundert von den Vandalen zerstört; Reste der Römer sind die Theaterruinen (Di–Fr 10–18, Sa, So 12–18 Uhr, Eintritt frei).

Wahrzeichen der Stadt Sevilla – im Vordergrund die Torre del Oro und im Hintergrund die Giralda mit der charakteristischen Wetterfahne.

DIE PROVINZ SEVILLA

Die Provinz steht ganz im Schatten ihrer namengebenden Hauptstadt, Inbegriff andalusischer Kultur und Lebensart schlechthin. Sevilla hat in den letzten Jahren tief greifende Veränderungen erfahren, die sie zu einer echten modernen Metropole heranreifen ließen. Doch die mit 14 000 Quadratkilometern größte Provinz Andalusiens hat noch eine Reihe weiterer reizvoller Reiseziele, die mit dem

Erbe des Landes vertraut machen. Da gibt es zum Beispiel die Ausgrabungen der römischen Stadt Itálica und natürlich das Dreigestirn der Orte Carmona, Écija und Osuna, die neben Zeugnissen der römischen Kulturepoche mit Palästen und Kirchen im Stil von Renaissance und Barock aufwarten.

Sevilla ■ C2

Stadtplan → S. 132/133
Die Erwartungen, die man in den Besuch der Stadt Sevilla setzt, sind im Allgemeinen riesig. Kein Wunder! Zahlreiche Werke der Literatur und Musik, denen Sevilla als Kulisse dient, haben zum Mythos der Stadt beigetragen. Sevilla steht nicht nur für Flamenco und Stierkampf, es ist vor allem die Heimat von Don Juan und Carmen, den Protagonisten vieler Erzählungen. Sie haben die Vorstellung von andalusischer Lebensart und der Stadt geprägt.

Geschichte der Stadt Sevilla
Siedlungen der Iberer, Phönizier und Karthager folgte die Befestigung durch die Römer um 200 v. Chr., veranlasst durch Cäsar, der von hier aus gegen seinen Rivalen Pompejus, dem Córdoba zur Seite stand, opponierte. Sevilla trug zu römischer Zeit den Namen »Colonia Iulia Romula«. Nach dem kurzen »Gastspiel« der Vandalen entwickelte sich die Stadt unter der Herrschaft der Westgoten zu einem kulturellen Zentrum. Die herausragende Gestalt jener Zeit war der hl. Isidor (555–636), Bischof der Stadt. Der Mitbegründer der »Schule von Sevilla« fasste das Wissen seiner Zeit in enzyklopädischer Form zusammen. Kampflos fiel die Stadt im Jahre 712 den Mauren in die Hände. Lange Zeit stand Sevilla im Schatten von Córdoba, das weitaus größere Bedeutung hatte. Nach dem Untergang des Kalifats wurde es Hauptstadt eines mächtigen Kleinkönigreichs (taifa). Der Herrschaft der Almoraviden über Andalusien folgte 1147 die Herrschaft der Almohaden, die Sevilla zu ihrem Hauptsitz erhoben. Dieser wirtschaftlichen und kulturellen Blütezeit ist eine neue Befestigungsanlage zu verdanken, und damals entstand neben dem Goldenen Turm auch das heutige Wahrzeichen, das einstige Minarett der Hauptmoschee, die Giralda. Bereits 1285 ergab sich die Stadt nach mehrmonatiger Belagerung kampflos den Truppen Ferdinands III. Knapp 100 Jahre später entstand unter dem kastilischen Herrscher Peter I. (1350–1369), der Grausame, das vielleicht schönste Bauensemble der Stadt, der Alcázar, errichtet von maurischen Handwerkern.

Den Zenit seiner Geschichte erreichte Sevilla im 16. Jahrhundert, als über den Hafen der gesamte Handel mit der Neuen Welt abgewickelt wurde. Mit dem wirtschaftlichen Aufschwung verband sich der sprunghafte Anstieg der Einwohnerzahl. Um 1600 lebten hier etwa 150 000 Menschen, mehr als im damaligen Madrid.

1717 musste Sevilla die Monopolstellung im Amerikahandel

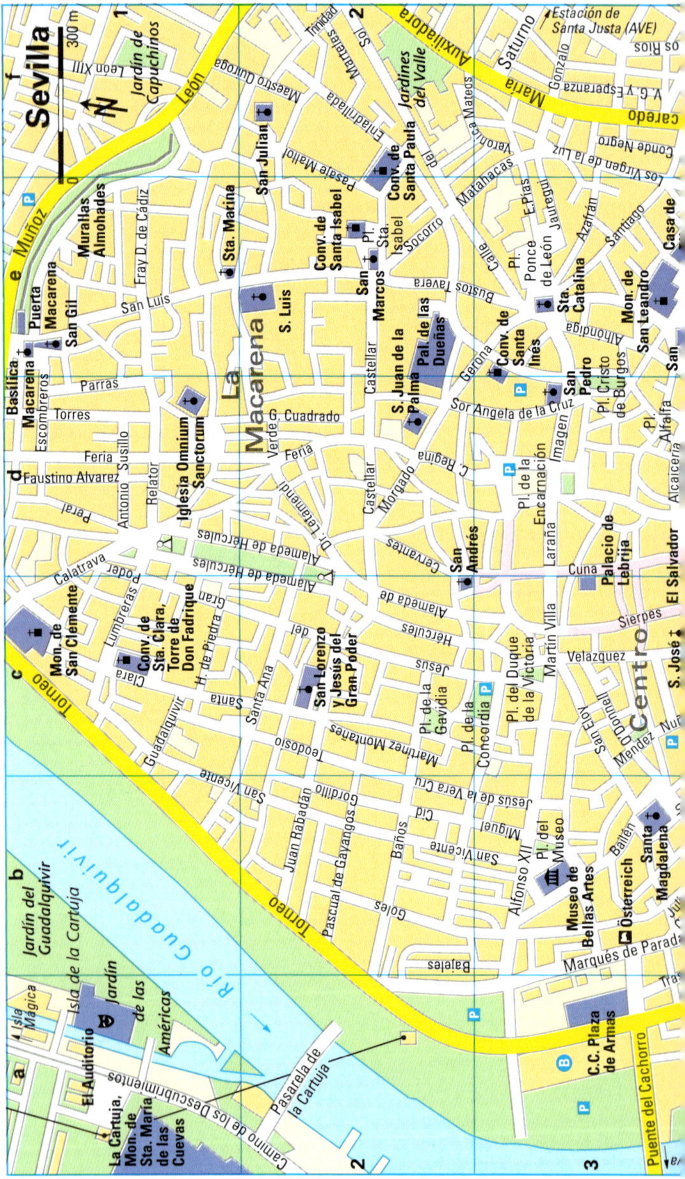
Sevilla
300 m
La Macarena
Centro
Río Guadalquivir
Basílica Macarena
Puerta Macarena
San Gil
Murallas Almohades
Jardín de Capuchinos
Sta. Marina
San Julián
Conv. de Santa Isabel
Conv. de Santa Paula
Jardines del Valle
S. Luis
San Marcos
Pal. de las Dueñas
S. Juan de la Palma
Iglesia Omnium Sanctorum
Mon. de San Clemente
Conv. de Sta. Clara, Torre de Don Fadrique
San Lorenzo y Jesús del Gran Poder
San Andrés
Conv. de Santa Inés
Sta. Catalina
Mon. de San Leandro
San Pedro
Palacio de Lebrija
El Salvador
S. José
Santa Magdalena
Museo de Bellas Artes
Österreich
C.C. Plaza de Armas
Puente del Cachorro
Pasarela de la Cartuja
Camino de los Descubrimientos
La Cartuja, Mon. de Sta. María de las Cuevas
El Auditorio
Isla Mágica
Isla de la Cartuja
Jardín de las Américas
Jardín del Guadalquivir
Torneo
Alameda de Hércules
Estación de Santa Justa (AVE)
María Auxiliadora
Sierpes
Pl. de la Encarnación
Pl. del Duque de la Victoria
Pl. de la Gavidia
Pl. de la Concordia
Pl. del Museo
Pl. Ponce de León
Marqués de Paradas
Alfonso XII
Feria
Calatrava
San Luis
Sor Angela de la Cruz

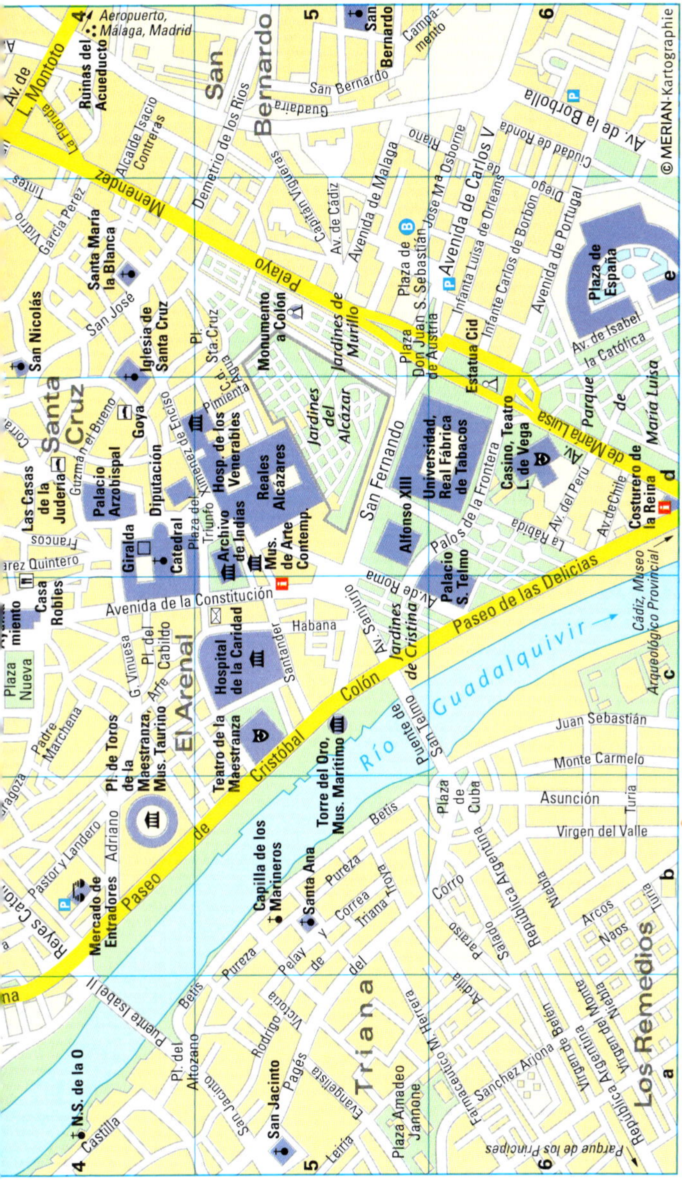
Aeropuerto, Málaga, Madrid
Av. de L. Montoto
La Florida
Ruinas del Acueducto
San Bernardo
Alcalde Isacio Contreras
Demetrio de los Ríos
Guadaira
Campamento
Av. de la Borbolla
Ciudad de Ronda
Menéndez Pelayo
Santa María la Blanca
San Nicolás
San José
Iglesia de Santa Cruz
Santa Cruz
Guzmán el Bueno
Goya
Las Casas de la Judería
Palacio Arzobispal
Diputación
Giralda
Catedral
Casa Robles
Plaza Nueva
Avenida de la Constitución
Archivo de Indias
Hosp. de los Venerables
Reales Alcázares
Mus. de Arte Contemp.
Jardines del Alcázar
Monumento a Colón
Jardines de Murillo
Avenida de Málaga
Av. de Cádiz
Capitán Vigueras
Plaza de Don Juan de Austria
Avenida de Carlos V
Estatua Cid
Universidad, Real Fábrica de Tabacos
San Fernando
Alfonso XIII
Palacio S. Telmo
Av. de Roma
Palos de la Frontera
Casino, Teatro L. de Vega
Av. de María Luisa
Parque de María Luisa
Plaza de España
Av. de Isabel la Católica
Avenida de Portugal
Av. del Perú
Av. de Chile
Costurero de la Reina
Paseo de las Delicias
Cádiz, Museo Arqueológico Provincial
Río Guadalquivir
Jardines de Cristina
Paseo de Cristóbal Colón
Hospital de la Caridad
Teatro de la Maestranza
Torre del Oro, Mus. Marítimo
El Arenal
Pl. de Toros de la Maestranza, Mus. Taurino
Mercado de Entradores
Reyes Católicos
Padre Marchena
Puente de San Telmo
Plaza de Cuba
Juan Sebastián
Monte Carmelo
Asunción
Virgen del Valle
República Argentina
Capilla de los Marineros
Santa Ana
Betis
Pureza
Triana
Puente Isabel II
Pl. del Altozano
N.S. de la O
Castilla
San Jacinto
Plaza Amadeo Jannone
Los Remedios
Parque de los Príncipes
© MERIAN-Kartographie

an Cádiz abgeben, da der zunehmend versandende Hafen immer schwieriger anzulaufen war. Auch mehrere große Katastrophen suchten die Stadt heim. Mitte des 17. Jahrhunderts erlag die Hälfte der Bevölkerung einer Pestepidemie; im Jahr 1755 fielen zahlreiche Bauwerke einem verheerenden Erdbeben zum Opfer. Sevilla hatte im 18. Jahrhundert an Glanz eingebüßt, blieb jedoch ein agrarisches Zentrum. 1929 stand die Stadt erstmalig wieder im Blickfeld des internationalen Interesses, als hier die Ibero-Amerikanische Ausstellung ihre Pforten eröffnete. Die Weltausstellung 1992 rückte Sevilla erneut ins Licht der Öffentlichkeit, damit verbunden waren zahlreiche Investitionen wie der Bau von acht neuen Brücken über den Guadalquivir.

Sehenswertes

Antigua Fábrica de Tabacos

■ d 5-6

Zwischen den Straßen San Fernando und La Frontera erstreckt sich der mächtige Bau der ehemaligen Tabakfabrik, im 18. Jahrhundert nach Plänen von Sebastian van der Borcht errichtet. Mit 250 mal 180 Metern war das Gebäude zweitgrößter Bau Spaniens nach dem Escorial. Wo heute die Universität untergebracht ist, gingen einst Tausende von Zigarettendreherinnen ihrer Arbeit nach, und das bis ins Jahr 1954. Unter den Arbeiterinnen soll auch Carmen gewesen sein, die von Prosper Mérimeé und Georges Bizet zu neuem Leben erweckt wurde.

C. San Fernando; Der Komplex ist während des Universitätsbetriebs zugänglich

MERIAN-Tipp

Barrio de Santa Cruz *Kein Zweifel, dieses kleine Viertel zwischen Kathedrale, Alcázar und der Straße Santa María la Blanca sollten Sie unbedingt durchstreifen, auch wenn Ihr Aufenthalt in Sevilla nur kurz ist. Einst befand sich hier das jüdische Viertel der Stadt, doch in von den Christen angeführten Pogromen wurden die Bewohner im 14. und 15. Jahrhundert vertrieben oder mussten zum Christentum konvertieren. In ihrer heutigen Gestalt stammen die Bauten meist aus dem 17. bis 19. Jahrhundert. Verschwiegene, enge Gassen öffnen sich immer wieder überraschend zu kleinen Plätzen mit Brunnen, schattigen Restaurants und Cafés; durch vergitterte Tore lassen sich versteckte Patios in verschwenderischem Grün erspähen.*

■ *de 4*

Archivo de Indias d 5

Das von der UNESCO zum Weltkulturerbe erklärte Archivo de Indias an der Plaza del Triunfo ist in einem Gebäude aus dem 16. Jahrhundert untergebracht, errichtet von Juan de Minjares und Alonso de Vandelvira. Ab 1785 wurde hier auf Befehl König Karls III. ein Dokumentationszentrum eingerichtet, das mehr als 40 Millionen Dokumente über die Neue Welt sammelte. Es bietet somit einen Einblick in die Entdeckungs- und Eroberungsgeschichte Amerikas. Der größte Teil der Schätze darf allerdings nur mit einer Sondergenehmigung eingesehen werden.
Plaza del Triunfo; Mo–Fr 10–13 Uhr; Eintritt frei

Ayuntamiento c 4
(Rathaus)

Zur Plaza de San Francisco, auf der die Prozessionen der Osterwoche vorbeiführen, zeigt sich das Rathaus mit einer reich verzierten plataresken Fassade, die aus der Zeit des Baubeginns im 16. Jahrhundert unter Diego de Riano stammt. Ganz anders präsentiert sich der Bau zur Plaza Nueva dem Betrachter. Hier wurde ihm Mitte des 19. Jahrhunderts eine neoklassizistische Fassade vorgelegt.
Plaza de San Francisco

Casa de Pilatos e 3

Dieser Stadtpalast, mit dessen Bau Ende des 15. Jahrhunderts begonnen wurde, zählt zu den sehenswertesten Gebäuden der Stadt. In verschwenderischer Schönheit sind hier Elemente von Gotik, Renaissance und mudéjarem Stil verwoben, die ähnlich dem Alcázar mit Licht-

Die Casa de Pilatos ist heute noch im Privatbesitz der Herzöge von Medinacelli. Zentrum des Palastes ist der Arkadenhof im Stil der Renaissance.

und Schattenwirkungen spielen. Das Zentrum der Anlage bildet ein von zwei Arkadengeschossen eingefasster Renaissancehof; der Brunnen in seiner Mitte trägt einen zweigesichtigen Januskopf. In den Ecken des Hofes stehen römische Statuen, aus den Nischen schauen römische Kaiser herab. Die einzigartige Atmosphäre des Hofes sowie der anschließenden Räume wird jedoch von den stuckierten Arabesken und farbigen Fliesen geschaffen. Bemerkenswert auch das Treppenhaus, das vom Haupthof in den ersten Stock führt. Es wird von einer Stalaktitendecke überwölbt, und seine Wände schmücken Azulejos und Freskenreste, die Gestalten der römischen Antike darstellen.
Plaza de Pilatos; tgl. 9–19 Uhr; Eintritt 5 €

Catedral de Santa María ■ d 4
Karte → S. 137
Von der UNESCO 1987 zum Weltkulturerbe erklärt, erstreckt sich auf einer Fläche von mehr als 23 000 Quadratmetern die weltweit drittgrößte Kirche nach dem Petersdom in Rom und der St. Pauls Cathedral in London.

Einst stand an dieser Stelle die Hauptmoschee der Almohaden, mit deren Bau 1172 begonnen worden war. 1401 beschloss man deren Abriss, allein die Giralda sowie der Orangenhof (Patio de los Naranjos) blieben erhalten. Auf den Fundamenten der Moschee sollte eine Kirche entstehen, der »keine andere gleichkomme«. Nicht überliefert ist, von wem die Pläne für das Gotteshaus stammen, bekannt sind jedoch zahlreiche Baumeister: Alonso Martínez und Pedro García, der Flame Ysambret und Simon von Köln, Francisco Rodriguez und Juan des Hoces. Erst hundert Jahre nach Baubeginn war die Kathedrale fertig gestellt, wurde jedoch in den folgenden Jahrhunderten noch erweitert.

Werfen wir zunächst einen Blick auf die äußere Gestalt, die von weit über die Kirche greifenden Strebebogen und -pfeilern gekennzeichnet ist. Die Hauptfassade wendet sich der Avenida de la Constitución zu. Ihre drei Portale sind mit Skulpturen geschmückt, wobei das Hauptportal, die Puerta de la Asunción, mit einem Steinrelief der Himmelfahrt Mariä aus dem 19. Jahrhundert stammt. Im Zentrum der beiden flankierenden Portale stehen Geburt und Taufe Jesu mit Figuren aus gebranntem und einst bunt bemaltem Ton. Die Fassade zur Calle Alemanes hin trägt noch deutlich die Spuren des almohadischen Vorgängerbaus. Von hier führt die Puerta del Perdón in den Orangenhof. Bemerkenswert sind die Zedernholztüren, deren kufische Schriften Allah lobpreisen. Die Ostfassade der Kirche grenzt an die meist viel bevölkerte Plaza Virgen de los Reyes und die Plaza del Triunfo. Zu beiden Seiten der Apsiskapellen öffnen sich zwei Portale: nächst der Giralda die Puerta de los Palos mit der Anbetung der Heiligen Drei Könige im Tympanon, auf der anderen Seite die Puerta de las Campanillas, gekrönt vom Einzug Jesu in Jerusalem. Im Zentrum der Süd-

Catedral de Sevilla

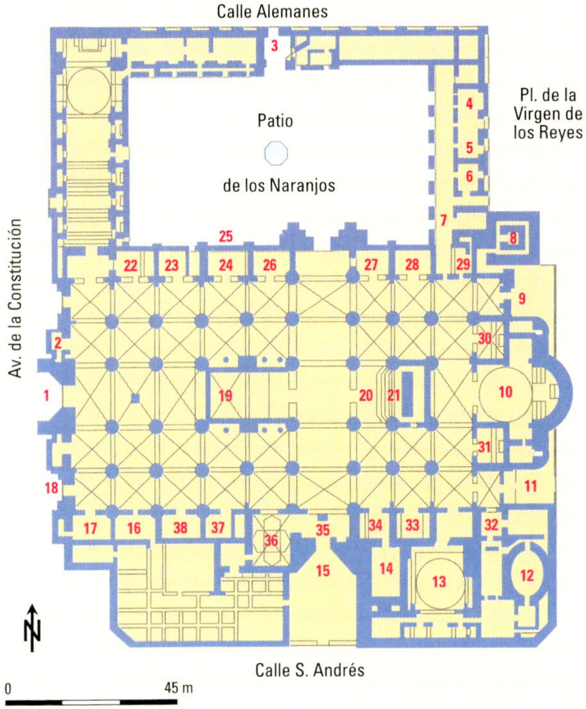

1 Puerta de la Asunción
2 Puerta del Bautismo
3 Puerta del Perdón
4 Biblioteca Colombina
5 Puerta de Oriente
6 Capilla de la Granada
7 Puerta del Lagarto
8 Giralda
9 Puerta de los Palos
10 Capilla Real
11 Puerta de las Campanillas
12 Sala Capitular
13 Sacristía Mayor
14 Sacristía de los Cálices
15 Puerta de S. Cristóbal
16 Capilla de Sta. Ana
17 Capilla de S. Laureano
18 Puerta del Nacimiento
19 Coro
20 Capilla Mayor
21 Sacristía Alta
22 Capilla de S. Antonio
23 Capilla de Escalas
24 Capilla de Santiago
25 Capilla Sacramental
26 Capilla de S. Francisco
27 Capilla de las Doncellas
28 Capilla de los Evangelistas
29 Capilla del Pilar
30 Capilla de S. Pedro
31 Capilla de la Concepción Grande
32 Capilla del Mariscal
33 Capilla de S. Andrés
34 Capilla de Dolores
35 Grabmal des Kolumbus
36 Capilla de la Antigua
37 Capilla de S. Hermenegildo
38 Capilla de S. José

fassade steht das Christophorus-Portal, auch Portal des Prinzen genannt, da durch diesen Eingang einst die Könige die Kathedrale betraten. Es wurde erst Ende des 19. Jahrhunderts von Alfonso Fernández Casanova errichtet. Das reich verzierte Empfängnisportal, Eingang zur Kathedrale und ebenfalls ein Werk von Casanova, birgt Skulpturen von Joaquin Bilbao, Adolfo López und Eduardo Muñoz.

Im Inneren der Kathedrale
Fünf Langschiffe und neun Joche gliedern den monumentalen Innenraum, und obwohl vom Typus her eine Basilika, hinterlässt die Kirche einen hallenartigen Eindruck, wie man ihn von der deutschen Gotik her kennt. Mächtige Bündelpfeiler tragen das gotische Gewölbe. Beachtung verdienen neben den herrlichen Fußbodenarbeiten die 81 Glasfenster, die das Innere in ein besonderes Licht hüllen. Sie stammen aus dem 15. bis 19. Jahrhundert von Künstlern wie Arnao de Vergara, Arnao de Flandes und Enríque Alemán. Die zahlreichen Seitenkapellen bergen eine Vielzahl von Grabmälern und Gemälden, deren herausragendste im Folgenden vorgestellt werden.

Frei stehend in der Mitte der Kirche, im vierten und fünften Mittelschiffjoch des Langhauses, erhebt sich der prächtige Chor. Von drei Seiten ist er von Mauerwerk begrenzt, zum Altar hin bildet ein vergoldetes schmiedeeisernes Gitter den Abschluss. Der 20 mal 14 Meter große Chorraum ist vor allem auf Grund seines Gestühls von Interesse: Ganz im spätgotischen mudéjaren Stil gehalten, reihen sich 117 reich mit Intarsienarbeiten und Holzfiguren verzierte Sitze aneinander, geschaffen vor allem von Nufro Sanchez und Diego Guillén im 15. und 16. Jahrhundert. Beachtung verdient auch das mächtige Chorpult aus Holz und Bronze von Bautista Vázquez und Juan Marín (16. Jh.). Nach Westen schließt sich ein Trascoro an, der mit zahlreichen Gemälden und Skulpturen geschmückt ist. Darunter eines der bedeutendsten Marienbilder der Kirche, die »Virgen de los Remedios« (um 1400), und eine Bronzearbeit von Francisco Pacheco (1633), die »Übergabe Sevillas an Ferdinand«. Die vier den Chor rahmenden Kapellen werden auf Grund des hier verwendeten Materials auch Alabasterkapellen genannt. Der Altar der rechten Südkapelle, die Kapelle der Unbefleckten Empfängnis, birgt Meisterwerke von Juan Martínez Montañes aus dem 17. Jahrhundert, darunter eines seiner schönsten Werke, die »Cieguecita« (kleine Blinde), eine Marienfigur, die wegen ihrer niedergeschlagenen Augen diesen Beinamen erhielt.

Wie der Chor mitten in der Kirche errichtet, nimmt die Capilla Mayor zusammen mit einer Sakristei das siebte und achte Mittelschiffjoch ein. An drei Seiten wird der Altar von vergoldeten schmiedeeisernen Gittern begrenzt, der Renaissance verpflichtete Arbeiten von Bartolomé de Jaén, Fray Francisco de Salamanca, Sancho Muñoz und

Diego de Huidobro (16. Jh.). Der Hauptalter, Retablo Mayor, lenkt das Interesse auf sich. Mit einer bemalten Holzfläche von 18 mal 27 Metern ist er der größte gotische Altar der Welt. Die Entwürfe stammen von dem Flamen Pieter Dancart, ausgeführt wurden sie von verschiedenen Meistern, darunter Roque de Balduque, Juan Bautista Vázquez d. Ä. und Pedro Millán. Das vergoldete gotische Schnitzwerk besteht aus mehreren Bildreihen mit Dutzenden von Hochreliefs und Skulpturen. Im Zentrum stehen Szenen aus dem Leben Jesu und Marias. Eine der wertvollsten Figuren ist die »Virgen de la Sede«, eine Sitzmadonna aus der Mitte des 13. Jahrhunderts, die aus Zypressenholz geschnitten und mit Farbe und Silber verziert wurde.

Die aus dem 16. Jahrhundert stammende Capilla Real schließt das Mittelschiff im Osten ab. Im Mittelpunkt des Altars steht die »Virgen de los Reyes«, Schutzheilige der Stadt, vermutlich eine französische Arbeit aus dem 14. Jahrhundert. Arme und Hände dieser Figur sind mit Gelenken ausgestattet und deshalb beweglich. Der barocke Sarkophag vor dem Altar enthält die einbalsamierten sterblichen Überreste von Ferdinand III., links davon fanden Ferdinands Sohn, Alfons X., rechts davon Ferdinands Frau, Beatrix von Schwaben, ihre letzte Ruhestätte. Stufen führen von hier aus in die Krypta, wo die Gebeine von Peter I., dem Grausamen, seiner Geliebten María de Padilla sowie mehrerer Infanten ruhen.

Die Giralda, das ehemalige Minarett der Hauptmoschee, wird von einer Wetterfahne gekrönt.

Die Capilla de San Pedro unmittelbar links der Capilla Real birgt mit ihrem Altar eine beachtenswerte Gemäldesammlung Zurbaráns mit Szenen aus dem Leben des hl. Petrus.

Der herrliche Renaissanceraum der Sala Capitular aus der Mitte des 16. Jahrhunderts ist von ovaler Gestalt. Bevor man den Blick nach oben wendet, sollte man dem wunderbar gearbeiteten Fußboden Beachtung schenken. Im Zentrum der Malereien im Gewölbe steht Murillos »Unbefleckte Empfängnis«, eine seiner wichtigsten Arbeiten.

Tiefe Religiosität spiegelt sich wie hier in dieser Christusdarstellung aus dem Monasterio de la Cartuja in vielen Werken spanischer Künstler.

Drei herausragende Gemälde zieren die Altäre der Sacristía Mayor: »Die Kreuzabnahme Christi« von Pedro de Campaña (1547), »Hl. Teresa« von Zurbarán, und »Das Martyrium des hl. Lorenz« von Lucas Jordán. Unter der 33 Meter hohen Kuppel gibt es jedoch noch weitere Kunstschätze zu entdecken: eine fast vier Meter hohe Silbermonstranz von Juan de Arfe, 475 Kilogramm schwer; die Prozessionsfigur »San Fernando« des Sevillaner Bildhauers Pedro Roldán aus der Mitte des 17. Jahrhunderts sowie riesige Kandelaber. Zu beiden Seiten der Sakristei ist der Kirchenschatz untergebracht.

Wichtigstes Kunstwerk der Sacristía de los Cálices ist das Kruzifix »Cristo de la Clemencia« (1603) von Juan Martínez Montañes, eines der überzeugendsten Werke barocker Bildhauerkunst.

Sehenswert ist darüber hinaus das Grabmal des Kolumbus. Bis heute ist umstritten, ob der Sarkophag tatsächlich die sterblichen Überreste des 1509 gestorbenen Entdeckers enthält.

C. Alemanes; Mo–Sa 10.30–17, So 14–18 Uhr; Eintritt 5 €

Giralda ■ d 4

Das weithin sichtbare Wahrzeichen der Stadt – knapp 94 Meter beträgt seine Höhe – wurde im Jahre 1184 als Minarett der Hauptmoschee in Angriff genommen. Mit seiner quadratischen Gestalt ordnet es sich in den maghrebinischen Typus der Minarettbauten ein, ähnliche Türme sind in Rabat und Marrakesch zu finden. Seine heutige Gestalt ist auf einen Umbau im 16. Jahrhundert zurückzuführen. In dieser Zeit entstand auch der knapp 4 Meter große Giraldillo, eine als Wetterfahne sich drehende Figur, die den Triumph des christlichen Glaubens symbolisiert. Nach ihr erhielt der Turm seinen Namen Giralda, denn das spanische Wort »girar« bedeutet so viel wie drehen.

Auf einer leicht ansteigenden Rampe kann man im Inneren bis zum 70 Meter hoch gelegenen Glockengeschoss laufen, wo man mit einem herrlichen Rundblick

auf die Stadt belohnt wird.
Plaza Virgen de los Reyes; Mo–Sa 10.30–17, So 14–18 Uhr; Eintritt 5 €

Hospital de la Caridad ■ c 5
Die aus der Mitte des 17. Jahrhunderts stammende Klosterkirche des heute als Altersheim genutzten Hospitals ist auf Grund ihrer bildnerischen Ausstattung von besonderem Interesse. Zwei der bedeutendsten Künstler, die im 17. Jahrhundert in Sevilla wirkten, Esteban Murillo (1618–1682) und Valdés Leal (1622–1690), wurden mit der Ausschmückung der einschiffigen Barockkirche beauftragt. Hier kann man sich also heute einen hervorragenden Einblick in die Sevillaner Malschule des goldenen Zeitalters verschaffen. Gleich im Eingangsbereich begegnet man einigen Hauptwerken von Valdés Leal. Das schaurige Bild »In ictu oculi«, auf dem der Sensenmann das Licht des Lebens löscht und über die Insignien von Macht und Reichtum hinwegschreitet, symbolisert eindrücklich die Vergänglichkeit allen Seins. Gegenüber das Werk »Finis Gloriae Mundi« mit dem von Würmern zerfressenen Leichnam eines Bischofs und dem Skelett eines Königs: Nach dem Tode sind alle Menschen gleich. An den Seitenwänden folgen Gemälde Murillos, darunter: »Moses schlägt Wasser

Mit Azulejos geschmückte Brunnen beleben den nach seiner Stifterin, der Infantin María Luisa Fernanda, benannten Park.

aus dem Fels« und »Die wunderbare Brotvermehrung«. Die Skulpturengruppe am Hochaltar, »Grablegung Christi«, ist ein Werk Pedro Roldáns, die Malereien stammen von Valdés Leal.
C. Temprado

Isla de la Cartuja ■ a 1
Die Insel im Guadalquivir war im Jahre 1992 Schauplatz der Internationalen Weltausstellung. Ein halbes Jahr lang herrschte Trubel ohnegleichen, 40 Millionen Besucher wurden gezählt, doch die Hoffnungen auf eine sinnvolle Nutzung nach dem Ende dieses Spektakels erfüllte sich nur zu einem geringen Teil: Ein Technologiepark zog weniger Interessenten an als erwartet. Im Zentrum des ehemaligen Ausstellungsgeländes steht nun der Vergnügungspark Isla Mágica, Magische Insel. Ein Erlebnispark à la Disneyland, der sich thematisch mit der Entdeckung Amerikas befasst (Mitte März bis Anfang Dez. 11–20 Uhr, Mai–Aug. tgl. 11–20 bzw. 23 Uhr; Eintritt Erwachsene 21 €, Kinder 14 €).

Auf der Insel befindet sich auch das Monasterio de la Cartuja de Santa María de la Cuevas, ein im 15. Jahrhundert errichtetes Kartäuserkloster. Vom ursprünglichen Bau blieben noch ein Kreuzgang, die Kirche und zwei Kapellen erhalten.

Palacio de San Telmo ■ cd 6
Ende des 17. Jahrhunderts als Seemannsschule errichtet, ist der prächtige Palast heute Sitz der andalusischen Provinzregierung. Besonders sehenswert ist das Hauptportal dieses repräsentativen Barockbaus. Dreigeschossig und reich mit Ornamentik und Figuren verziert, dreht sich hier alles um die Seefahrt.
Avenida de Roma

Parque de María Luisa ■ de 6
Die beliebte Parkanlage bietet mit ihren Schatten spendenden Bäumen, Teichen und Spazierwegen vor allem während der Sommermonate ein erholsames Refugium. 1893 von der Infantin María Luisa Fernanda von Orleans gestiftet, wurde der Park für die Ibero-Amerikanische Ausstellung 1929 umgestaltet.

Plaza de América südlich ■ e 6
Am Südende des Parks María Luisa liegt dieser Platz, den drei von Aníbal González für die Ausstellung des Jahres 1929 errichtete Gebäude rahmen: der Pabellón Mudéjar, in dem heute das Volkskundemuseum untergebracht ist, der spätgotische Pabellón Real, der königliche Pavillon, und der Pabellón Renacimiento, heute Sitz des Museo Arqueológico (→ S. 147).

Plaza de España ■ e 6
Der riesige Platz, der sich an den Parque de María Luisa anschließt, ist ebenso wie dieser im Zuge der Ibero-Amerikanischen Ausstellung 1929 errichtet worden. Die Pläne für den halbkreisförmig errichteten Gebäudekom-

Der verschwenderisch ausgestattete Patio de las Doncellas bildet das Zentrum des Sevillaner Alcázar.

plex stammen von Aníbal González. In verspielter, lockerer Weise ist es ihm gelungen, verschiedene Baustile der Vergangenheit zu vereinen. Die beiden über 80 Meter hohen Ecktürme sind deutlich sichtbar der Giralda nachempfunden; farbenfrohe Kacheln, die Szenen aus der spanischen Geschichte darstellen, säumen das Gebäude. Ein Kanal mit mehreren venezianischen Brücken durchzieht den Platz. Gelegenheit zu Bootsfahrten.

Plaza de Toros de la Maestranza ■ b 4

Die örtliche Stierkampfarena La Maestranza zählt zu den schönsten und ältesten des Landes. Ende des 18. Jahrhundert errichtet, finden in ihr ungefähr 14 000 Besucher Platz. Das angeschlossene Stierkampfmuseum birgt Objekte aus der Geschichte des Stierkampfes. Gleich gegenüber am Paseo de Cristóbal Colón steht etwas versteckt eine kleine Figur, die an Carmen erinnert, jene Arbeiterin der Zigarrenfabrik, die durch Mérimée und Bizet Weltruhm erlangte.

Paseo de Colón; 10–13.30 und 16–17.30, Sa, So 11–14, Mo–Sa 10–13.30 Uhr

Reales Alcázares ■ d 5

Karte → S. 145

Wie der Plural im Namen schon zum Ausdruck bringt, handelt es sich bei den Reales Alcázares um einen Komplex von Palastbauten, die im Laufe von verschiedenen Jahrhunderten entstanden sind. Die ältesten Teile stammen noch aus der Zeit der Almohaden, der damalige Palast wurde von Ferdinand II. als Residenz genutzt. Glanzstück ist neben der herrlichen Gartenanlage der Palast Peters I., den dieser ab dem Jahre 1364 in mudéjarem Stil errichten ließ, Sinnbild für orientalische Prachtentfaltung in der maurischen Architektur. Maurische Handwerker und Baumeister aus Granada waren an diesem Bau beteiligt, die Ähnlichkeit mit der dortigen Alhambra ist unverkennbar. Zusammen mit der Kathedrale (→ S. 136) und dem Archivo de Indias (→ S. 135) wurde der Palastkomplex von der UNESCO zum Weltkulturerbe der Menschheit erklärt.

Man betritt die Anlage durch die Puerta del Léon, über der eine Keramik einen Löwen darstellt, und gelangt in den Patio del León, den Löwenhof. Links davon der unter Alfons XI. errichtete Salón de Justicia, an den sich der Patio de Yeso anschließt, der sehenswerte Stuckhof, mit Wasserbecken, Galerie und Stuckverzierungen aus der Zeit der Almohaden. Hinter dem Löwenhof öffnet sich der Patio de la Montería, einst Vorhof zu den Gemächern der maurischen Herrscher, später auch als Versammlungsplatz für Jagdgesellschaften genutzt. In den Räumen zur Rechten, den so genannten Zimmern des Admirals (Cuartos del Almirante), wurde Kolumbus nach seiner Rückkehr von Amerika empfangen, hier war die Weltumseglung Magellans vorbereitet worden.

Palast von Peter I.

Vor uns liegt das beeindruckendste Gebäude der Anlage, der

Palast Peters I. Imposant bereits die reich mit Ornamenten geschmückte Fassade mit ihren offenen Arkaden, die unter anderem eine kufische Inschrift ziert: »Es gibt keinen Gott außer Allah.« Vermutlich waren die Herrscher des Arabischen nicht mächtig, so dass die Handwerker diese Inschrift als ornamentale Verzierung anbringen konnten. Im Zentrum des Palastes der Patio de las Doncellas, der Mädchenhof. Auf marmornen Zwillings-

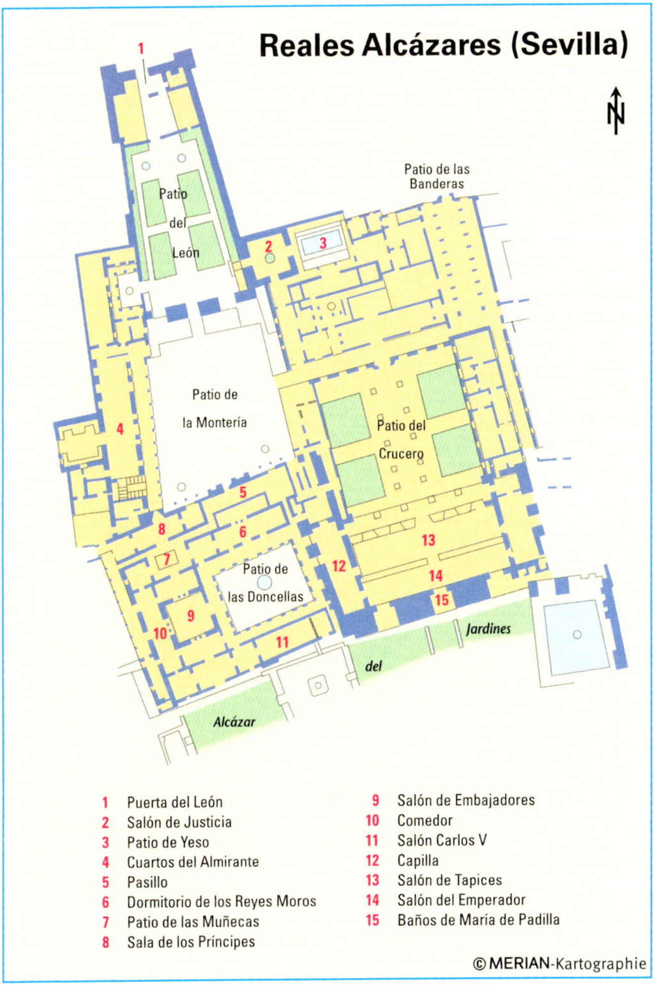

säulen ruhen mit verschwenderischstem Stuckornament versehene Vielpassbögen, die Verkleidung mit farbigen Azulejos schafft orientalische Palastatmosphäre. Deutlich davon abgesetzt die Galerie im zweiten Stock im Stil der Renaissance (16. Jh.).

Von ähnlicher ornamentaler Vielfalt zeigen sich die Räume rings um den Hof, zu den eindrucksvollsten gehört der Salon de Embajadores, der Saal der Gesandten, mit vielfältigem, prachtvollem Dekor aus Ornamentik und Schriftzeichen. Die Stalaktitenkuppel aus Holz schuf Diego Ruiz im Jahr 1427. Die ebenfalls sehenswerten Privatgemächer König Peters I. gruppieren sich um den kleinen Patio de las Muñecas, den Puppenhof; Beachtung verdienen vor allem die kunstvoll gearbeiteten Kassettendecken.

An den Palast Peters I. schließt sich der Palast Karls V. an. Im Salon des Tapices stellen zwölf Wandteppiche aus dem 18. Jahrhundert die Belagerung und Eroberung von Tunis durch Karl V. dar.

Die großzügigen Gartenanlagen mit Brunnen, Wasserläufen, Labyrinth und Grotten sind eine wahre Oase in der Hitze der Stadt. Hier mischen sich Merkmale arabischer Gartenbaukunst mit Einflüssen der Renaissance.

Plaza del Triunfo; Di–Sa 9.30–17, So 9.30–13 Uhr; Eintritt 5 €

Torre del Oro ■ c 5

Im Zuge der zunehmenden christlichen Bedrohung ließen die Almohaden um 1220 die südliche Befestigungsmauer der Stadt ausbauen. In diesem Zusammenhang wurde der Goldene Turm als zwölfeckiger Eckturm errichtet, sein kleiner runder Aufbau stammt aus dem 18. Jahrhundert. Die ursprüngliche Verkleidung mit vergolde-

MERIAN-Tipp

Triana *Im Stadtteil Triana geht es noch sehr ursprünglich zu, zahlreiche kleine Geschäfte bestimmen das Bild der kleinen Gassen – hier wird spanischer Alltag spürbar. Für Freunde von Kacheln und Kunsthandwerk zwischen Kitsch und Kunst ist der Stadtteil ein absolutes Muss. Im Triana-Viertel wohnten und arbeiteten nämlich in der Vergangenheit die Töpfer. Eine Tradition, die zum guten Teil noch heute lebendig gehalten wird. In der Alfarería oder in der Straße San Jorge reihen sich mehrere Geschäfte aneinander, die Kacheln in allen Farben ausstellen, auch der Blick in einzelne Werkstätten ist möglich. Ein aus Kacheln zusammengesetzter Jesus über der Badewanne? Auch das ist hier kein unerfüllbarer Wunsch. So manches Schnäppchen lässt sich bei einem aufmerksamen Bummel durch durch das Viertel machen. Berühmt ist der Stadtteil auch für seine zahlreichen und guten Tapas-Bars. Er eignet sich hervorragend, um »einen Zug durch die Gemeinde« zu unternehmen.* ■ *a 5*

ten Azulejos verlieh dem Gebäude seinen Namen. Der Turm beherbergt heute ein kleines Marinemuseum. Direkt vor der Torre del Oro starten täglich mehrmals Ausflugsboote zu einer Rundfahrt auf dem Guadalquivir.
Direkt neben der Puente San Telmo; Di–Fr 10–14, Sa, So 11–14 Uhr

Museen

Museo Arqueológico Provincial
südlich ■ d 6

In dem für die Ibero-Amerikanische Ausstellung 1929 errichteten Neorenaissancepalast wird in mehr als zwei Dutzend Sälen die Geschichte Andalusiens von der Frühzeit bis ins 15. Jahrhundert anhand zahlreicher Exponate lebendig. Ein Großteil der Funde stammt aus der Provinz Sevilla, wobei hier wiederum der Schwerpunkt auf den Ausgrabungsfunden der römischen Stadt Itálica liegt (→ S. 150).
Plaza de América; Di 15–20, Mi–Sa 9–20, So 9 bis 14 Uhr, Mo und an Feiertagen geschl.; Eintritt frei

Museo de Arte Contemporáneo
■ d 5

In einem ehemaligen Kornspeicher des 18. Jahrhunderts ist das Museum für Zeitgenössische Kunst untergebracht. Hier werden Werke aus dem 20. Jahrhundert ausgestellt, darunter Bilder von Julio Romero de Torres, Francisco Mateos und Antoni Tapies.
Santo Tomás 5; Di–Fr 10–21, Sa, So 10–14 Uhr, Mo und an Feiertagen geschl.; Eintritt frei

Mit kunstvollem Kachelschmuck machen die Händler des Triana-Viertels farbenfroh auf sich aufmerksam.

Museo de Artes y Costumbres Populares südlich ■ d 6
Im Zentrum dieses Museums für Volkskunst und Volksbräuche steht die Alltagskultur der letzten Jahrhunderte. Eine Vielzahl von Kleidungsstücken, Möbeln aus ländlichen und städtischen Wohnungen, aber auch etliche Objekte aus der Welt der Landwirtschaft und des Handwerks, wie Weinpressen, Bäckerutensilien und Heuwagen, vermitteln eine Vorstellung vom Leben in der Vergangenheit.
Plaza de América; Di 15–20, Mi–Sa 9–20, So 9 bis 14 Uhr, Mo und an Feiertagen geschl.; Eintritt frei

Museo de Bellas Artes ■ b 3
Das ehemalige Kloster La Merced aus dem 17. Jahrhundert bietet den imposanten Rahmen für eines der schönsten Kunstmuseen Spaniens. Die Sammlung des Museo de Bellas Artes umfasst Skulpturen das 13. bis 20. Jahrhunderts sowie Gemälde des 15. bis 20. Jahrhunderts, wobei der Schwerpunkt auf den Künstlern der Sevillaner Malerschule des 17. Jahrhunderts liegt. Einen Höhepunkte bilden die Werke von Bartolomé Esteban Murillo (1617–1682) in der ehemaligen Klosterkirche.

Im Museum findet man auch Werke von Francisco Herrera d. Ä., dem möglicherweise ersten Lehrer von Velázquez, sowie Werke von Francisco de Zurbarán (1598–1646), darunter die »Apotheose des hl. Thomas von Aquin«.
Plaza del Museo 9; Mi–Sa 9–20, Di 15–20, So 9 bis 14 Uhr, Mo und an Feiertagen geschl.; Eintritt frei

Hotels/andere Unterkünfte

Hostal Goya ■ d 4
Einfache Unterkunft mitten im Zentrum der Stadt. Von hier aus können Sie die gesamte Innenstadt zu Fuß erforschen.
C. Mateos Gago 31, 41000 Sevilla; Tel. 95/4 21 11 70, Fax 4 56 29 88; 18 Zimmer ★★

Hotel Alfonso XIII. ■ d 5
Edle Unterkunft in einem prächtigen Bau aus den zwanziger Jahren, ganz im mudéjaren Stil gehalten mit viel Marmor-, Stuck- und Holzarbeiten. Spitzenhotel mit hervorragendem Service.
C. San Fernando 2, 41000 Sevilla; Tel. 95/4 22 28 50, Fax 4 21 60 33; 145 Zimmer ★★★★ AmEx DINERS EC VISA

Las Casas de la Judería M ■ e 4
Mitten im Gassengewirr des alten jüdischen Viertels gruppieren sich die Zimmer dieses Hotels um stilvolle und ruhige Innenhöfe. Die Atmosphäre erinnert ein wenig an einen maurischen Palast.
Plaza Santa María la Blanca 7 (Callejón de Dos Hermanas), 41000 Sevilla; Tel. 95/4 41 51 50, Fax 4 42 21 70; 46 Zimmer ★★★ AmEx DINERS EC VISA

Essen und Trinken

Casa Robles MM ■ cd 4
Seit Jahrzehnten besetzt die Casa Robles einen festen Platz in der Restaurantszene. Hier sollten Sie auf jeden Fall eines der frischen Fischgerichte probieren.
C. Álvarez Quintero 58; Tel. 95/4 56 32 72 ★★ AmEx DINERS EC VISA

Sol y Sombra M westlich ■ a 4
Nur wenige Touristen kommen in dieses kuriose Restaurant, das sich zu später Stunde vor allem mit Spaniern füllt. Jedes Fleckchen der Wand ist mit Stierkampfpostern und -fotos bedeckt, der Ziegelfußboden nach Art der Stierkampfarena mit Sand ausgestreut. Auf der Speisekarte stehen viele Gerichte im Tontopf, ländlich-deftig zubereitet.
Castilla 149–151; Tel. 95/4 33 39 35
★

Einkaufen

Im Barrio de Santa Cruz, dem ehemaligen jüdischen Viertel im Stadtzentrum, finden Sie eine große Auswahl an Souvenirs, aber auch Kunsthandwerkerläden mit maurisch inspirierten Töpferwaren. Die Calle de las Sierpes ist als Fußgängerzone ausgewiesen, sie ist die wichtigste und eleganteste Einkaufsstraße der Stadt. Hier finden Sie neben modischen Artikeln in Boutiquen auch typisch andalusische Mitbringsel wie Fächer, Hüte oder Schultertücher. Große Kaufhäuser mit reichem Angebot gibt es an der Plaza de la Magdalena und an der Plaza del Duque de la Victoria. Jeden Donnerstag wird in der Calle de la Feria ein großer Flohmarkt abgehalten. Weitere Märkte finden an der Plaza de la Magdalena und an der Plaza del Duque de la Victoria statt.

Für die Erfrischung zwischendurch findet sich in Sevilla immer eine Möglichkeit.

Am Abend

Eine gute Informationsquelle für aktuelle Veranstaltungen ist das Blättchen »El Giraldillo«, das in den Touristenbüros ausliegt. Für den frühen Abend empfiehlt sich das Viertel Santa Cruz, zu späterer Stunde hat man die Auswahl zwischen zahlreichen Bars und Diskotheken in der Calle Betis, im Viertel Alfalfa, in der Calle Julio César oder der Calle Adriano. In mehreren Lokalen kann man Flamenco live erleben. Zu den bekanntesten Tabloas de flamenco, mit bisweilen bekannten Musikern, gehören:

El Arenal ■ c 5
Unweit der Stierkampfarena werden hier zwei Flamenco-Shows pro Nacht geboten. Der Eintritt beträgt inklusive Getränk etwa 24 €.
C. Rodo 7; Tel. 95/4 21 64 92

El Patio Sevillano ■ c 5
Ein Besuch der abendlichen Show kostet etwa 3500 Peseten.
Paseo de Cristóbal Colón 11 a; Tel. 95/4 21 41 20

Los Gallos ■ e 5
Mancher Spitzenkünstler startete im Los Gallos seine Karriere. Auch heute noch wird hier eine sehenswerte Show geboten.
Plaza de Santa Cruz 11; Tel. 95/4 21 69 81

Allgemeine Informationen

Auskunft
Oficina de Turismo de la Junta de Andalucía ■ c 5
Zuständig für die gesamte Provinz, gut ausgestattet, aber häufig stark frequentiert.
Avenida de la Constitución 21 B; Tel. 95/4 22 14 04; Mo–Sa 9–19 Uhr, So 10–14 Uhr
Ein weiteres Büro finden Sie am Flughafen sowie am Bahnhof, der Estación de Santa Justa.

Oficina Municipal de Turismo ■ d 6
In diesem Büro erhalten Sie nur Informationen über die Stadt Sevilla.
Paseo de las Delicias 9; Tel. 95/4 23 44 65; Mo–Fr 9–18.30 Uhr

Hauptpost ■ c 5
Avenida de la Constitución 32

Ziel in der Umgebung

Itálica ■ B 2

Im Jahre 206 v. Chr., nach dem Sieg über die Karthager, wurde die Stadt unter Scipio d. Ä. von Kriegsveteranen gegründet. Als eine der ersten römischen Siedlungen auf iberischem Boden gewann Itálica rasch an Bedeutung. Unter den Westgoten verfiel die Stadt langsam, in maurischer Zeit wurde sie aufgegeben und später von den Dorfbewohnern der Umgebung als Steinbruch benutzt.

Von den Häusern sind nur noch geringe Grundmauern erhalten geblieben, eindrucksvoll noch heute ist jedoch das große Amphitheater, in dem Gladiatorenkämpfe und Tierhatzen stattfanden. Mit einer Länge von 160 Metern und einer Breite von 137 Metern gehörte das Oval zu den größten der römischen Welt. Auf den heute noch gut erhaltenen Sitzreihen fanden bis zu 25 000 Menschen Platz, weitaus mehr, als die Stadt Einwohner zählte. In der Mitte des Ovals wurde der Unterbau freigelegt, dessen Räume als Magazine oder Ställe dienten.

Im Stadtbezirk erkennt man die für römische Städte typischen, schachbrettartig angelegten Wohnviertel, durch die Straßen und Fußgängerwege führten. Erhalten blieben auch Teile des ausgeklügelten Abwassersystems. Die meisten Häuser verfügten über einen zentralen Innenhof und reiche Mosaikausstattung. Viele Stücke hat man nach Sevilla ins Museo Arqueo-

Eines der wenigen Mosaike, die in Itálica verblieben sind und nicht ins Archäologische Museum von Sevilla wanderten.

lógico transferiert, doch auch vor Ort sind einige schöne Mosaiken zu bewundern. So wurde zum Beispiel das Vogelmosaik der Casa de los Pájaros belassen, und in der Casa del Mosaico de Neptun findet man den Meeresgott umgeben von Fischen und Fabelwesen. Sehenswert auch das Mosaik der Casa del Planetario mit kreisförmig angeordneten Porträts.
Santiponce; 1. April–30. Sept. 9–20, So 9–15 Uhr, Mo geschl.;
1. Okt.–31. März Di–Sa 9–17.30, So 10–16 Uhr

Carmona ■ C2

Die Geschichte des 50 000 Einwohner zählenden Städtchens reicht bis ins Neolithikum zurück. Unter den Römern erwuchs es bald zu einer der wichtigsten Städte der Baetica. Politische Bedeutung erlangte Carmona, als es Hauptstadt eines der Taifas, der kleinen maurischen Königreiche, wurde.

Kurz vor dem Ortszentrum links geht es zu der wohl herausragendsten Sehenswürdigkeit der Stadt, der römischen Nekropole. Die Anlage umfasst mehr als 1000 Gräber, von denen allerdings nicht alle besichtigt werden können. Eine Besonderheit dieser Nekropole ist die Tatsache, dass die meisten Toten hier verbrannt und in Familiengräbern beigesetzt wurden. Ein Beispiel dafür ist das Mausoleo

In den Palacio de los Aguilar in Carmona führt ein prächtiges barockes Portal.

Circular, ein Rundgrab, in dessen Grabkammer man hinabsteigen kann. Ein paar Meter weiter ist eine Verbrennungsplatz zu sehen, an dem die Toten eingeäschert wurden. Das interessanteste Grab ist das »Elefantengrab«, eher ein Tempel, der möglicherweise der phrygischen Gottheit Attis geweiht war. Reste der namengebenden Elefantenfigur blieben erhalten. Eine weitere wichtige Grabstätte, die Tumba Servilia, gehörte offenbar einer reichen Familie und gleicht mit ihrem säulenumfassten Innenhof und mehreren verzierten Zimmern einer römischen Villa.

Der Ausgrabungsstätte ist ein kleines Museum angeschlossen (Di–Sa 10–14 Uhr).

Von der verteidigungspolitisch bedeutsamen Geschichte der Stadt zeugen Reste der Stadtbefestigung. Die Puerta de Sevilla zeigt verschiedene Bauphasen: Quadersteine aus karthagischer und römischer Zeit sowie Reste der maurischen Befestigungsanlagen.

Bei einem Bummel durch die maurisch geprägten Altstadt stößt man auf eine Fülle von Kirchen- und Palastbauten. An der Plaza de San Fernando, auf geradem Weg durch das Sevilla-Tor, liegt das Rathaus. Hier wird ein sehenswertes römisches Mosaik, das ein Medusenhaupt darstellt, aufbewahrt. Folgt man der Straße geradeaus, erreicht man die wichtigste Kirche der Stadt, die Prioral de Santa María. Im Inneren ein mächtiger plataresker Hochaltar (1559) von Nufro Ortega und Juan Bautista Vázquez el Viejo sowie Gemälde, unter anderem von Zurbarán (»Apostolado«).

Hotels/andere Unterkünfte

Parador Alcázar del Rey Don Pedro M

Dieser moderne Bau, stilvoll einem alten Palast nachempfunden, zählt zu den schönsten Paradores Andalusiens. Schöner Blick über die Ebene. Das ausgezeichnete Restaurant steht auch Gästen offen, die nicht im Parador übernachten.

Los Alcázares, 41410 Carmona; Tel. 954/14 10 10, Fax 14 17 12; 63 Zimmer ★★★ AmEx DINERS EC VISA

Écija ■ C 2

Das unter den Römern Astigi genannte Städtchen wurde in maurischer Zeit mit einer Befestigungsanlage versehen. Heute präsentiert sich die Altstadt mit ihren Kirchen und prächtigen Palästen im Kleid des 18. Jahrhunderts, denn viele Bauten der vorangegangenen Epochen fielen dem Erbeben von 1755 zum Opfer. Zwei Attribute charakterisieren die Stadt: »Stadt der Türme« nennt man sie wegen ihrer zahlreichen Kirchtürme, und »Bratpfanne Andalusiens« heißt sie auf Grund der hier herrschenden hohen Temperaturen. Mittelpunkt der Stadt ist die Plaza de España mit dem Rathaus und der Iglesia de Santa María, in deren Innenhof einige archäologische Fundstücke ausgestellt sind. Unter den vielen Kirchen der Stadt ragt die Iglesia de la Concepción mit ihrer Backsteinfassade hervor, die von einem Dachvorsprung mit Holzkassetten geschützt wird. An der Stelle der Kreuzkirche, Santa Cruz aus dem 15. bis 19. Jahrhundert, stand die Moschee des maurischen Ortes. Der Turm zeigt Stilelemente der Renaissance und erinnert an die Giralda von Sevilla. Auffallend ist auch der farbenfrohe Turm von San Juan; die Kirche selbst ist unvollendet geblieben und bewahrt einen attraktiven Ruinencharakter. Unter den vielen Palästen besticht der Palacio de los Marqueses de Peñaflor aus dem 16. bis 18. Jahrhundert. Seine mit Fresken geschmückte Fassade ziert der »längste Balkon Andalusiens«.

Essen und Trinken

Casa Herrera
In dem zentral gelegenen Lokal kann man sich an hervorragenden Tapas laben oder nach einem Stadtbummel bei einem Café cortado die Seele baumeln lassen.
Plaza de España 27; Tel. 95/4 83 00 08 ★★

Osuna ■ C 2

Unter den Iberern Urso genannt, erlebte Osuna zur Zeit der Römer eine erste Blüte. 1548 wurde eine Universität gegründet, die sich in den folgenden Jahrhunderten zu einem wichtigen Zentrum von Kunst und Wissenschaft entwickelte. Auch heute lohnt das Universitätsgebäude mit seinem plataresken Innenhof einen Besuch. Unter den Herzögen von Osuna blühte die Stadt im 16. und 17. Jahrhundert auf, aus dieser Zeit stammen auch die zahlreichen Paläste und herrschaftlichen Häuser der Stadt. So in der Calle San Pedro der Palacio del Cabildo und der Palacio de los Marquéses de Gomera«.

Bedeutendste Sehenswürdigkeit der Stadt ist die auf einem Hügel gelegene dreischiffige Stiftskirche Santa María de la Asunción aus dem 16. Jahrhundert. Stolz der Kirche sind mehrere Bilder von José de Ribera, darunter ein eindrucksvolles Bild der Kreuzigung Jesu. Unterhalb des Altars befindet sich die Grabkapelle der Herzöge von Osuna, eine dreischiffige Kathedrale im Kleinformat.

KulTouren

Oberhalb des Ortes Vélez Blanco in der Provinz Almería erhebt sich die Renaissanceburg Castillo de los Fajardos (→ S. 51).

Auf den Spuren des Christoph Kolumbus

Als Entdecker von Amerika ging er einst in die Geschichtsbücher ein, und auch wenn diese Tatsache durch neuere Forschungen längst relativiert wurde, Kolumbus Entdeckungsfahrten in bislang unbekannte Welten waren ohne Zweifel von herausragender Bedeutung für die europäische Geschichte und Kultur.

Christoph Kolumbus, der vermutlich 1451 im italienischen Genua zur Welt kam und schon in jungen Jahren erste seemännische Erfahrungen sammelte, hatte bereits im Jahre 1484 dem König von Portugal, Johann II., einen wagemutigen Plan vorgelegt: Um den Seeweg nach Indien und in den Fernen Osten zu verkürzen und die gefährliche Umsegelung der afrikanischen Südspitze zu umgehen, wollte er westwärts segelnd sein Ziel erreichen, was zu merklichen Handelsvorteilen geführt hätte. Doch am portugiesischen Hof lehnte man ab, und so wandte sich Kolumbus 1486 an das spanische Königspaar Isabel und Ferdinand. Doch auch hier begegnete man ihm zunächst mit Ablehnung. Sechs Jahre verstrichen, bis sein nicht nachlassendes Drängen endlich belohnt wurde und Spanien sich zur Finanzierung der ersten Expedition bereit erklärte. Kolumbus hatte sich vertraglich zahlreiche Privilegien gesichert, so den Titel eines Vizekönigs aller neu entdeckten Gebiete, die Erlangung der Adelswürde sowie ein Zehntel aller Reichtümer, die auf den neuen Territorien gefunden wurden.

Christoph Kolumbus – diese Darstellung des aus Venedig stammenden Künstlers Sebastiano del Piombo steht ganz in der Tradition des Renaissanceporträts.

Es waren lediglich drei Schiffe, das ungefähr 30 Meter lange Hauptschiff Santa María und die beiden kleineren, etwa 15 Meter langen Karavellen Pinta und Nina, die am 3. August 1492 mit zusammen wohl kaum mehr als 90 Besatzungsmitgliedern in Palos de la Frontera (B 2) in See stachen. Am 12. Oktober kam erstmals unbekanntes Land in Sicht, man betrat die Bahamas. Nach weiteren Landungen auf dem heutigen Kuba und Haiti erlitt Kolumbus mit der Santa María Schiffbruch und musste die Rückreise mit den beiden kleineren Karavellen antreten. Im März des folgenden Jahres wurde er in Spanien begeistert empfangen. Weitere, weitaus größere Expeditionen folgten, verlockten doch die Aussichten auf ansehnliche Finanzierungsquellen der darbenden spanischen Staatskasse. Doch nicht immer kehrte Kolumbus als strahlender Held zurück, einmal wurde er gar in Ketten zurückgebracht. Seine anfänglichen Privilegien konnte Kolumbus nicht erhalten, er starb am 20. Mai 1506 in Valladolid, von Krankheit gezeichnet. Den

Der Erdapfel des Martin Behaim (1491/1492) ist die älteste erhaltene Darstellung der Welt in Kugelform und wohl eine der letzten Karten, auf der Amerika nicht eingezeichnet ist (oben).

Nachbildungen der Karavellen, mit denen Kolumbus am 3. August 1492 in See stach, sind in der Nähe des Klosters La Rábida zu besichtigen (links).

ersten, nicht zu übersehenden Hinweis auf Cristóbal Colón, wie Kolumbus im Spanischen genannt wird, erhält man an der Stadtgrenze von Huelva (→ S. 114; B 2), dort, wo der Río Odiel in den Atlantik mündet. Das 36 Meter hohe, aus Granitblöcken gemeißelte Denkmal für den Entdecker, ein Werk von Gertrude von Whitney aus dem Jahre 1929, wirkt heute fast ein wenig Furcht erregend.

Mit ihrer Entscheidung, den Plänen des Kolumbus zuzustimmen, legte Isabel I. die Basis für Spaniens Kolonialpolitik.

Nicht mehr weit ist es von hier bis zum Kloster La Rábida (B 2), das zur Gemeinde Palos de la Frontera gehört. Stolz ist man hier auf die Rolle, die das Kloster für die Entdeckung des amerikanischen Kontinents spielte. Denn nachdem Kolumbus mit seinem Anliegen, Indien und den Fernen Osten anzusteuern, bei den Katholischen Königen zunächst gescheitert war, fand er im Kloster Aufnahme und Verständnis. Eingehend soll er mit den Franziskanermönchen seine Pläne diskutiert haben. Der Franziskanerpater Juan Peréz war es auch, der Isabel I. bat, ihre Zurückhaltung aufzugeben und dem Vorhaben zuzustimmen.

Noch heute erinnern die Mönche des Klosters La Rábida gerne daran, dass sie einst einen entscheidenden Beitrag zur Entdeckung der Neuen Welt leisteten.

Das Kloster, ein schönes Beispiel für die Mudéjar-Architektur, kann besichtigt werden, wenngleich die Führungen, die vormittags und nachmittags stattfinden, nur auf Spanisch kommentiert werden. Zu den sehenswerten Kunstwerken von La Rábida zählt eine Alabasterstatue der im Kloster verehrten Virgen de los Milagros aus dem zweiten Drittel des 14. Jahrhunderts sowie ein geschnitzter Christus am Kreuz in gotischem Stil, ebenfalls aus dem 14. Jahrhundert. Ein edles Beispiel für den mudéjaren Stil stellt der Kreuzgang aus dem 15. Jahrhundert dar. Teil des Besichtigungsrundganges ist auch ein Besprechungszimmer, in dem Kolumbus über seine Pläne beratschlagte. In der ehemaligen Pförtnerwohnung dokumentieren moderne Fresken des Malers Daniel Vázquez Díaz aus dem Jahre 1930 ebenfalls die Entdeckung der Neuen Welt. In einem der Räume werden Modelle der drei Schiffe ausgestellt, mit denen Kolumbus und seine Mannschaft zu ihrer ersten Expedition aufgebrochen waren. Nachbildungen in Originalgröße finden Sie am Karavellen-Kai unterhalb des Klosters. Man hat sie anlässlich der 500-Jahrfeier der Entdeckung Amerikas hier aufgebaut. Unter Deck vermitteln Wasserfässer, Lebensmittel wie gesalzener Fisch und auch einige Puppen eine authentische Atmosphäre. Auf den zwischen 15 und 30 Meter langen Schiffen musste eine 20- bis 30-köpfige Mannschaft unter Umständen mehrere Monate zubringen. Eine Multivisionsschau und mehrere Ausstellungsstücke geben Einblick in die damaligen Verhältnisse (20. April–20. Sept. Di–Fr 10–14 und 17–21, Sa, So 11–20 Uhr; 21. Sept.–19. April tgl. 10–19 Uhr).

Erster Landgang in Amerika. Kolumbus beansprucht das neu entdeckte Land für die spanische Krone.

Auch im ungefähr 8 Kilometer nördlich von Palos gelegenen Städtchen Moguer (B 2) – übrigens Geburtsort von Juan Ramón Jiménez, dem Literaturnobelpreisträger von 1956 – gibt es Reminiszenzen an den großen Entdecker. Im Kloster Santa Clara, im gotischen Mudéjarstil errichtet, soll sich Kolumbus öfters aufgehalten und nach seiner glücklichen Rückkehr aus Amerika eine Nacht lang gebetet haben.

Am 3. August feiert man in Palos den Tag, an dem die Schiffe der Entdecker den Hafen verließen, und am 15. März wird der Rückkehr der beiden Schiffe Pinta und Nina gedacht. Eine weitere Atlantiküberquerung ist Grund für die Feierlichkeiten am 22. Januar. In den zwanziger Jahre des 20. Jahrhunderts hat das Wasserflugzeug Plus Ultra von hier aus den Atlantischen Ozean überquert und damit einen Meilenstein in der Geschichte der Luftfahrt gesetzt.

Karte → Klappe vorne

»...er war die Lebensfreude selbst...« – Federico García Lorca

Am 5. Juni 1898 wurde Lorca im 15 Kilometer westlich von Granada gelegenen Ort Fuente Vaqueros geboren, in dem er auch seine Kindheit verbrachte.

Am südwestlichen Stadtrand von Granada (E 2), in der Huerta de San Vicente, erinnert das Museo García Lorca an den großen andalusischen Dichter, der in den dreißiger Jahren Schlüsselfigur der spanischen Dichtergeneration war. Das 1925 von der Familie Lorca gekaufte Anwesen ist ausgestattet mit Möbeln aus der damaligen Zeit, darunter auch der Schreibtisch Lorcas (April–Sept. Di–So 10–13 und 17–20 Uhr; Okt.–März Di–So 10–13 und 16-19 Uhr).

Am 5. Juni 1898 wurde Lorca im 15 Kilometer westlich von Granada gelegenen Ort Fuente Vaqueros (E 2) geboren, in dem er auch seine Kindheit verbrachte. Im Geburtshaus des Dichters präsentiert ein kleines Museum, die Casa-Museo Lorca, Gegenstände aus dem Besitz Lorcas (Di–So 10–13 Uhr; Juli–Sept. auch 18–20 Uhr, Okt.–März auch 16–18 Uhr und April–Juni 17–19 Uhr). Des Weiteren erinnert ein Brunnen-Denkmal an den berühmten Sohn des Ortes.

Zwischen 1907 und 1909 lebte Lorca im nur wenige Kilometer entfernten Dorf Valderrubio (E 2), wo ihm ein Landhaus der Familie bis ins Jahr 1925 als Sommersitz diente (Di–Sa 10–13.30 Uhr).

Später übersiedelte Lorca nach Granada, wo er Rechtswissenschaft und Literatur studierte. Schon 1918 veröffentlichte er seinen ersten Prosaband, »Impresiones y paisajes« (Eindrücke und Landschaften), der von seinen Reisen in verschiedene Gegenden Spaniens inspiriert wurde.

Diverse Stationen kennzeichnen seinen weiteren Lebenslauf: Er lebte in Madrid und Sevilla, in den Vereinigten Staaten und Kuba. In der Nähe von Granada, »ein von der schlimmsten Bourgeoisie Spaniens bewohntes Brachland«, wie er 1936 einmal geschrieben hatte, fand er schließlich den Tod. Vier Tage vor dem Ausbruch des Militärputsches gegen die demokratische Republik, am 13. Juli 1936, war Lorca nach Granada gereist. Am 16. August nahm man ihn, denunziert von einem ehemaligen Abgeordneten der katholischen Rechtspartei, fest und erschoss ihn drei Tage später nahe dem Dorf Viznar (E 2), 8 Kilometer nordöstlich von Granada. Bis heute wurde sein verscharrter Leichnam nicht gefunden, zur Erinnerung hat man hier den Parque Federico García Lorca eingerichtet. Er war ein Opfer jener konservativen Kräfte geworden, die die junge spanische Republik zerstörten und eine 40 Jahre währende klerikale faschistische Diktatur errichteten.

Dabei war Lorca alles andere als ein explizit politischer Schriftsteller; und konkrete politische Aussagen sind in seinem Werk kaum zu finden. Er hielt nichts von einer allzu aktiven politischen Betätigung eines Schriftstellers: »Ist das nicht schade? Das bedeutet das Ende seines künstlerischen Schaffens! (...) Ich werde niemals ein Politiker sein. Natürlich bin ich Revolutionär, denn es gibt keinen echten Dichter, der das nicht wäre.« Bei seinen Freunden und Weggefährten, zu denen unter anderem Dalí und Buñuel, de Falla und Pablo Neruda zählten, galt er als Inbegriff von Lebensfreude und Heiterkeit. Der Dichter Pedro Salinas sprach von »diesem Feuer, dieser unglaublichen Lebhaftigkeit, dieser angeregten Atmosphäre, die seine gesamte Person verbreitete, wo immer er auch hinkam ... Wir folgten ihm alle, denn er war die Lebensfreude selbst ...« Umso mehr wurde seine Ermordung durch die Faschisten zum Symbol für die Unmenschlichkeit und Brutalität dieses Systems und stürzte seine Freunde in tiefe Verzweiflung.

Karte → Klappe hinten

Lorca, dessen Büste in seinem Geburtshaus aufgestellt wurde, beeinflusste die gesamte Gegenwartsdramatik, und er gilt als Erneuerer des spanischen Dramas.

Die Casa-Museo Lorca erinnert mit Bildern und Gebrauchsgegenständen an Federico García Lorca.

Der Palast maurischer Könige: Palacio Real

Karte → S. 163

Der Begründer der Nasridenherrschaft, Mohammed al-Ahmar, legte den Grundstein für den Palast der maurischen Könige. Wesentliche Teile der heutigen Anlage entstanden im 14. Jahrhundert unter Jussuf I. und Mohammed V. Die Residenz ist in drei Teile gegliedert: Der Mexuar diente der öffentlichen Rechtsprechung, im eigentlichen Palast (Serail) residierte der König, und der Harem war sein Privatbereich. Alle Räume sind nach arabischer Tradition auf einen Innenhof ausgerichtet.

Alle Wandflächen der Sala de las Dos Hermanas wie auch in den meisten anderen Räumen des Palacio Real sind reich dekoriert.

Mexuar – die Audienzhalle

Zunächst gelangt man in den Mexuar, die Audienzhalle, in der auch Recht gesprochen wurde. In christlicher Zeit mehrfach umgebaut, ist sein ursprüngliches Aussehen weitgehend verändert worden. Der kleine Patio de Mexuar mit einer Wasserfontäne in der Mitte schließt sich an. Er ist begrenzt von Fassaden, die mit filigraner Stuckornamentik und farbiger Marmor- und Azulejoverkleidung in warmen Tönen reich verziert sind. An der Nordseite öffnet sich der Hof über drei Bögen und einem Vorraum zum so genannten Cuarto Dorado, dem Goldenen Zimmer, dessen mudéjare Ausstattung hauptsächlich aus dem 16. Jahrhundert stammt. Gegenüber kennzeichnen zwei farbig eingerahmte Türen den Weg zum Patio de los Arrayanes (Myrtenhof); Zentrum des 37 mal 23 Meter großen Hofes ist ein Wasserbecken. Während die Längsseiten der begrenzenden Fassaden relativ nüchtern gehalten sind, wurden die

Palacio Real (Granada)

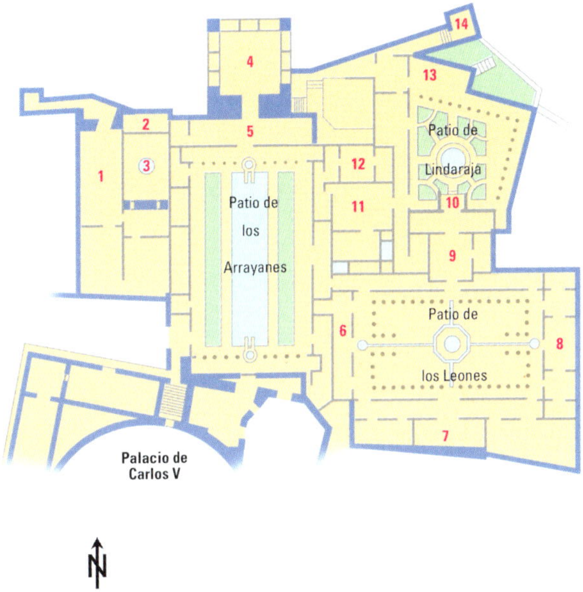

1 Mexuar
2 Cuarto Dorado
3 Patio de Mexuar
4 Salón de Embajadores, Torre de Comares
5 Sala de la Barca
6 Sala de los Mozárabes
7 Sala de los Abencerrajes
8 Sala de los Reyes
9 Sala de las Dos Hermanas
10 Sala de los Ajimeces, Mirador de Lindaraya
11 Baños
12 Sala de Camas
13 Habitaciones de Carlos V
14 Peinador de la Reina

Alhambra (Granada)

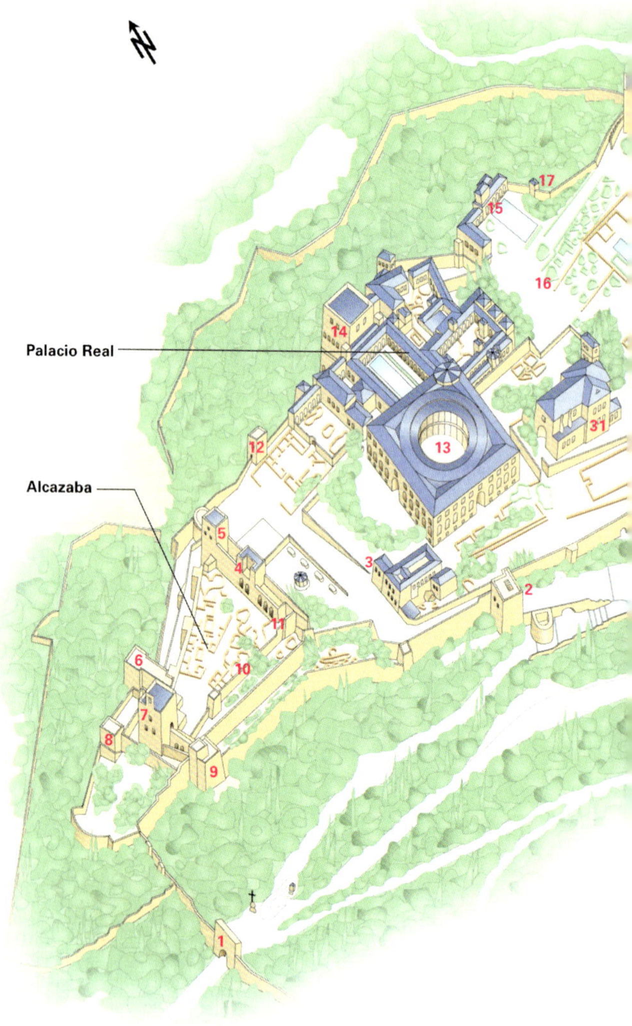

1 Puerta de las Granadas
2 Puerta de la Justicia (Haupteingang)
3 Puerta del Vino
4 Torre Quebrada
5 Torre del Homenaje
6 Torre de las Armas
7 Torre de la Vela
8 Torre de los Hidalgos
9 Torre de la Pólvora
10 Jardín de los Adarves
11 Torre del Adarguero
12 Torre de las Gallinas
13 Palacio Carlos V
14 Torre de Comares
15 Torre de las Damas
16 Jardines del Partal
17 Torre del Mihrab o de la Mezquita
18 Torre de los Picos
19 Torre del Candil
20 Torre de la Cautiva
21 Torre de las Infantas
22 Torre del Agua
23 Torre de Juan de Arce
24 Torre de Baltasar de la Cruz
25 Torre de Siete Suelos
26 Torre del Capitán
27 Torre de las Brujas
28 Torre de las Cabezas
29 Torre de Abencerrajes
30 Puerta de los Carros
31 Santa María
32 Parador Nacional de San Francisco

Schmalseiten umso verschwenderischer gestaltet. Nach Süden hin sieht man den Palast Karl V., davor sieben halbkreisförmige Bögen über einer Säulenhalle mit Kuppeln, darüber eine Fensterreihe mit einer weiteren bogenverzierten Arkade. Über die nördliche Stirnseite ragt die mächtige Torre de Comares, in die man durch eine Vorhalle, die Sala de la Barca, gelangt. Hier mussten die Besucher warten, bevor sie den Thronsaal, die Sala de Embajadores, betreten durften.

Patio de los Leones

Über den Mozaraber-Saal gelangt man in den arkadengesäumten Löwenhof (Patio de los Leones), den Privatbereich des Herrschers. 124 grazile Marmorsäulen tragen fast durchsichtig erscheinende Arkadenbögen, bis ins letzte Detail mit Ornamenten geschmückt. An den kürzeren Seiten springen Pavillone in den Hof vor, die im Inneren mit halbrunden

Mit Stalaktiten gefüllte Pendentifs ermöglichen in der Sala de las Dos Hermanas den Übergang vom quadratischen Grundriss zum Oktogon, das zur Kuppel überführt.

hölzernen Kuppeln versehen sind. Die marmorne Brunnenschale in der Mitte des Hofes mit zwölf Wasser speienden Löwenfiguren gab dem Hof seinen Namen. Die zwölfeckige Brunnenschale ist von einem Schriftband mit Lobeshymnen verziert. Über die Arkaden betritt man einige der schönsten Räume des Palastes. Die Sala de los Abencerrajes trägt ihren Namen nach einem Adelsgeschlecht, dessen Angehörige – insgesamt 36 – der Legende nach hier umgebracht wurden. Auch hier üppigste Ornamentik, in der Mitte ein Marmorbrunnen, darüber zieht eine

Muqarnas-Kuppel die Blicke auf sich. Die mit einer ähnlichen Kuppel überwölbte Sala de los Reyes (Königssaal) birgt eine Überraschung: An der Decke sind zehn arabische Persönlichkeiten abgebildet, möglicherweise Herrscher, und eine Jagdszene. Diese Malereien stammen vermutlich aus der Zeit um 1400 und gehören zu den wenigen figürlichen Darstellungen der islamischen Kunst.

Sala de las Dos Hermanas

An der Nordfassade des Löwenhofes gelangt man in die Sala de las Dos Hermanas (Saal der zwei Schwestern), so benannt nach zwei in den Boden eingelassenen Marmorplatten. Von höchster Kunstfertigkeit auch hier die Kachel- und Stuckverzierung, Schriftbänder mit Gedichten des Poeten Ibn Zamrak zieren den Sockel. Hier schließt sich die Sala de los Ajimeces an mit dem Mirador de Lindaraja, auch Daraxe-Erker genannt. Beeindruckend vor allem die in

Der Partal-Garten: Die höfische Gartenanlage hat altorientalische Wurzeln. Schon in sumerischer Zeit hegte man den Gedanken vom Paradiesgarten mit duftenden Gewächsen sowie Wasserläufen als Symbol göttlicher Schöpfungskraft.

Schwarz, Weiß und Gelb gehaltenen Sockelfliesen. Linker Hand liegen die Bäder, die jedoch in christlicher Zeit wesentlich umgestaltet wurden. Man erreicht sie über den Patio de Lindaraja, eine kleine Gartenanlage mit Marmorbrunnen aus christlicher Zeit. Links schließen sich die Gemächer Karl V. an. Sehenswert ist vor allem das reich verzierte Ankleidezimmer der Königin, der Peinador de la Reina, mit seinen arabischen Rundbogenfenstern. Der Weg führt schließlich in den Partal-Garten mit seinen zahlreichen Teichen und Wasserläufen.

Durch das Sevilla von Velázquez und Murillo

Velázquez (oben) verbrachte nur 24 Jahre in seiner Heimatstadt. In dieser Zeit entstand das Bild »Der Wasserverkäufer von Sevilla« (links unten). Ruhm erlangte der Künstler als Hofmaler in Madrid, z. B. mit seinem Werk »Las Meninas« (rechts unten).

Sevilla war Anfang des 17. Jahrhunderts ein wichtiges religiöses und künstlerisches Zentrum Spaniens. Während die Wirtschaft einen allmählichen Niedergang erfuhr, erlebte die Kunst eine Zeit allerhöchster Blüte, die dieser Epoche den Namen »Siglo de Oro«, goldenes Jahrhundert, eintrug. Es war eine Zeit immensen Kunstschaffens, in der Kirchen, Klöster und reiche Mäzene Unmengen an sakraler Kunst in Auftrag gaben, aber auch zahllose Bildwerke mit profanem Inhalt entstanden: Das war die große Zeit der Sevillaner Malerschule. Zu ihren berühmtesten Vertretern zählen neben Francisco de Zurbarán und Juan de Valdés Leal der Weltruhm erlangende Künstler Diego de Silva y Velázquez sowie Bartolomé Esteban Murillo.

Am 6. Juni 1599 wurde Velázquez in der Kirche San Pedro an der heutigen Plaza de San Pedro getauft. In der heutigen Padre Luis María Llop erinnert eine Tafel an dem letzten aus dem 16. Jahrhundert erhaltenen Haus an die Geburtsstätte des Künstlers. In dieser Gegend wuchs Velázquez auf, und noch heute vermitteln hier einige mittelalterlich anmutende Gassen ein wenig vom Ambiente jener Zeit. Architektur und Ausmalung der nahe gelegenen Kirchen haben den jungen Velázquez geprägt: So die

Kirche Santa Catalina im gotischen Mudéjarstil des 14. Jahrhunderts, und auch die nicht weit entfernte Kirche San Marcos mit ihrem mudéjaren Turm stammt aus dem 14. Jahrhundert. Ohne Zweifel kannte er auch das 1475 errichtete Kloster Santa Paula, mit seinem schönen Tor zum Innenhof aus dem 16. Jahrhundert und dem außergewöhnlichen Eingang zur Klosterkirche im gotischen Mudéjarstil aus dem Jahr 1504, verziert mit Azulejos der toskanischen Meister Nicola Pisano und Andrea della Robbia – das repräsentativste Werk im Stil der Katholischen Könige und der älteste Renaissanceschmuck Sevillas.

Bereits mit elf Jahren begann Velázquez eine Lehre in einer Malerwerkstatt. Nicht gesichert ist die Lehre bei Francisco Herrera dem Älteren (1590–1654), man weiß jedoch, dass er seine eigentliche Ausbildung bei Francisco Pacheco (1564–1644) erhielt. Pacheco war ein humanistisch gebildeter Lehrer mit einer großen Bibliothek, in seinem Haus trafen sich Dichter und Theologen, Maler und Gelehrte, so dass Velázquez in den Genuss einer umfassenden Bildung kam und die Diskussionen, die die geistige Elite seiner Zeit bewegten, intensivst erlebte, denn wie damals üblich, wohnte er im Haus seines Lehrmeisters. Dabei lernte er auch das nahe Viertel San Vicente kennen, das in Teilen bis heute eine fast dörfliche Atmosphäre bewahrt hat. An der Plaza del Duque de la Victoria erinnert eine Statue an Velázquez, angefertigt von Antonio Susillo, und die im Süden anschließende Straße ist nach dem großen Künstler benannt. Ohne Zweifel kannte er auch die

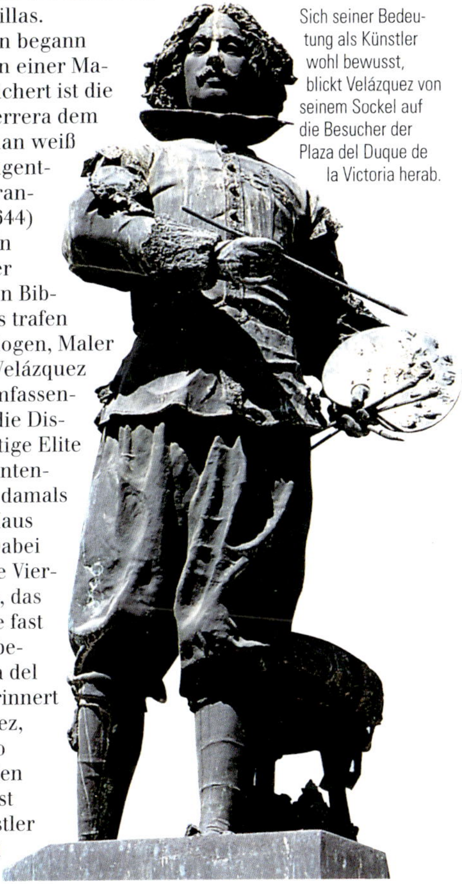

Sich seiner Bedeutung als Künstler wohl bewusst, blickt Velázquez von seinem Sockel auf die Besucher der Plaza del Duque de la Victoria herab.

Bartolomé Esteban Murillo ist sein Leben lang seiner Heimatstadt Sevilla und ihren Menschen treu geblieben.

nahe Alameda de Hércules, benannt nach den Säulen eines römischen Tempels, auf denen die Skulpturen des Herkules und des Julius Cäsar platziert waren.

Velázquez war noch keine 18 Jahre alt, als er am 14. März 1617 die Prüfung für die Aufnahme in die Malergilde von San Luca mit Erfolg ablegte. Verbunden damit waren Privilegien wie die Erlaubnis, eine eigene Werkstatt einzurichten, Gehilfen einzustellen sowie Aufträge für öffentliche Einrichtungen und Kirchen zu übernehmen. Am 23. April 1618 heiratete er Juana Pacheco, die Tochter seines Lehrmeisters.

Für die Entwicklung von Velázquez Künstlerpersönlichkeit sind zwei Gebäude zu nennen, neben vielen, die hier unerwähnt bleiben müssen. Zum einen die Kathedrale von Sevilla. Für Velázquez und seine Zeitgenossen stellte sie ein Art Museum dar mit ihrer Sammlung von Kunstwerken aus dem 16. und 17. Jahrhundert aus unterschiedlichsten Ländern. Vor allem die in der Sacristía Mayor zu findende »Kreuzabnahme« von Pedro de Campana aus dem Jahre 1548 beeindruckte die Sevillaner Künstler beträchtlich. Zum anderen der Alcázar, dessen Umbau durch den Mailänder Architekten Vermondo Resta zwischen 1603 und 1625 Velázquez unmittelbar verfolgen konnte.

Bodegones – Bilder des Volkes

Doch es waren nicht nur die Gebäude der Stadt, die den Künstler beeinflussten, sondern auch die Menschen. Neun der rund 20 Werke, die Velázquez in den Jahren 1617 bis 1622 in Sevilla schuf, sind so genannte »bodegones«. Allgemein versteht man darunter mit dem niederländischen Küchenstück vergleichbare Stillleben, doch viel trefflicher ist die ursprüngliche Bedeutung des Wortes: Schenke oder Garküche – Orte, in denen die einfacheren Menschen der damaligen Zeit ein bescheidenes Mahl zu sich nahmen. Velázquez wurde in den Straßen Sevillas von ihnen inspiriert; er hat sie zum Inhalt seiner frühen Bilder gemacht und ihre Physiognomien in neuem, oftmals tief religiösem Kontext auf die Leinwand übertragen. Ein halbes Dutzend Porträts von Frauen und Männern entstand, darunter das sehenswerte Bild »Der Wasserverkäufer von Sevilla«. Velázquez verließ Sevilla, um am 6. Oktober 1623 eine Stelle als Hofmaler in Madrid anzutreten. Naturalismus und Lebendigkeit kennzeichnen weiterhin sein Werk, doch der königliche Hof und seine Welt bestimmten in der Folgezeit sein Schaffen im Wesentlichen. Seiner Heimatstadt Sevilla aber hatte er eine neue Bildgattung hinterlassen, die im Werk Murillos weiterlebte.

Im Sevillaner Stadtviertel Santa Cruz kann man noch heute das Geburtshaus von Bartolomé Estéban Murillo besichtigen. Der 1618 geborene Maler, berühmt für seine Marien- und Heiligenbilder, hat eine Reihe von Bodégons geschaffen, für welche die Gassenjungen von Santa Cruz Modell standen. In den Straßen des Viertels, die im Sommer zum Schutz vor der Hitze mit Zeltplanen abgedeckt wurden und in eine fahles, düsteres Licht getaucht waren, essen sie Trauben und Melonen, lassen sich Flöhe entfernen oder spielen Würfel. Leider ist keines dieser Genrebilder in Spanien zu besichtigen. Während die religiösen Bilder im Auftrag von Klöstern und Pfarreien der Stadt entstanden, malte Murillo diese herrlichen Zeugnisse seiner Zeit ohne Order, und Kunstagenten verkauften sie ins Ausland.

Karte → S. 132/133

In stark idealisierter Form hat Murillo die Gassenjungen des Stadtviertels Santa Cruz auf Leinwand gebannt.

Andalusien im 14. Jahrhundert: Auf den Spuren von Ibn Battuta von Málaga nach Granada

Ronda mit der spektakulären Brücke Ponte Nuevo – eine Station von Ibn Battuta auf dem ersten Teil der Reise (unten).

Malaga mit der maurischen Festungsanlage Gibralfaro (→ S. 119 und oben).

Die Wasch- und Ruheräume der arabischen Bäder aus dem 11. Jahrhundert in der Alhama de Granada (rechts).

So überquerte ich das Meer zwischen Ceuta und Spanien in einem kleinen Boot, das die Bewohner von Assila chaique nennen. Ich kam nach Al-Andalus – Gott segne es –, das denjenigen reich belohnt, der sich hier niederlässt, und großzügig entschädigt, den hierhin seine Reise führt.«

Der, der diese Zeilen verfasste, war ein Mann namens Ibn Battuta, 1304 in Tanger geboren, und der vielleicht berühmteste Weltreisende seiner Zeit. Er besuchte einen Großteil der damaligen islamischen Welt, u.a. Ägypten und Syrien, Irak und Jemen, Afghanistan, Indien und Ceylon, China und die Malediven. Auf diesen Reisen entstand das berühmte Reisebuch Rihla, noch heute eine der wichtigsten Quellen über die islamische Welt des 14. Jahrhunderts. Anders als bei den meisten seiner Zeitgenossen war nicht nur die Pilgerreise nach Mekka Thema seiner Ausführungen, er lieferte auch detaillierte Beobachtungen über Traditionen, Orte und Begebenheiten – die heute wie ein sozialhistorisches Geschichtsbuch zu lesen sind.

Im Jahr 1349 brach er zu einer Reise durch Andalusien auf. Von Ceuta gelangte er nach Gibraltar, von wo er über Ronda schließlich Malaga erreichte, um von hier nach Granada aufzubrechen. Unsere Route folgt diesem letzten Teil der Reise, wohl wissend, dass die steinernen Zeugnisse jener Zeit spärlich geworden sind und auch die Natur große Veränderungen erfahren hat.

Malaga war zurzeit des Ibn Battuta eine der wichtigsten Handelsstädte des Mittelmeers. Genuesische Schiffe liefen in ihrem Hafen ein, um das begehrte andalusische Zuckerrohr abzuholen, arabische Produkte fanden über Malaga ihren Weg nach Europa. Die Gegend um Malaga war nicht nur wegen ihrer

landwirtschaftlichen Produkte berühmt, auch Seidenstoffe, Leder und Keramikwaren fanden interessierte Abnehmer in anderen Ländern. Ibn Battuta erreichte die Stadt zu Pferd und war von ihr sehr angetan: »Malaga ist eine der größten und schönsten Städte Andalusiens. Sie vereint die Vorzüge von Meer und Land, Lebensmittel und Früchte sind im Überfluss vorhanden. Ich sah, wie auf einem seiner Märkte acht Pfund Trauben für eine kleine Drachme verkauft wurden, und seine rubinroten Granatäpfel aus Murcia suchen in der ganzen Welt ihresgleichen. Seine Feigen und Mandeln werden an die entferntesten Orte in Orient und Okzident verschifft.« Sicherlich wird er damals die im 11. Jahrhundert unter den Hammuditenkönigen errichtete Alcazaba besucht haben sowie die weit über ihre Grenzen hinaus bekannte Moschee. Ebenso die noch heute von weitem sichtbare Burg von Gibralfaro, die einst mit der Alcazaba durch parallel verlaufende Mauern verbunden war. Man kann bei einem Rundgang noch die einstige Moschee erkennen und ein schönes maurisches Tor in der Wehrmauer. Der maurische Einfluss, der in Malaga bis ins 17. Jahrhundert spürbar war, ist heute noch am deutlichsten in den Gassen des östlich des Guadalmedina-Kanals gelegenen Altstadtviertels Barrio San Trinidad zu spüren.

Die Anfänge der Burganlage (Alcazaba) in Vélez-Malaga gehen bis auf die Römerzeit zurück.

Weiter zog der Reisende in östlicher Richtung in die axarquía, deren Name auf das arabische Wort sharquija verweist, was soviel wie »östliche Gegend« heißt. Schon in maurischer Zeit wurde diese Region intensivst landwirtschaftlich genutzt, hier wuchsen Johannisbrotbäume und Korkeichen, hier erzeugte man Feigen, Rosinen, Zitronen und Mandeln im Überfluss. Noch heute zeugen in der von tiefen Tälern durchzogenen Axarquía Terrassen und Bewässerungskanäle von ihrer maurischen Herkunft, und auch die kleinen Dörfer dieser Region mit ihren engen verwinkelten Gassen verweisen auf ihren maurischen Ursprung. Ebenso wie die an mehreren Stellen vorfindbaren Reste arabischer Späh- und Verteidigungstürme, die einst zur Küstenverteidigungslinie der Mauren zählten. Das heutige Torre del Mar verweist in seinem Namen (arab. Marijja Ballis, Spähturm von Vélez) auf seine Verteidigungsfunktion, die damals ummauerte Stadt war schon zu Zeiten des Ibn Battuta ein wichtiger Handelsort.

Der Ort Vélez-Malaga im fruchtbaren Tal des Flusses Vélez weist Siedlungsspuren bis in phönizische Zeit auf.

Die Reise des Ibn Battuta führte weiter nach Vélez Malaga, damals bekannt für seine herrliche Moschee und die Qualität seiner Feigen und Rosinen. Noch heute verweist das regionale Kunsthandwerk, vor allem Töpferei und Teppichweberei, auf maurische Ursprünge, und noch heute schmiegen sich die Häuser des Ortes um die aus maurischer Zeit stammende Alcazaba, die allerdings im Laufe der Jahrhunderte ihr Aussehen beträchtlich verändert hat.

Auf der Suche nach dem Andalusien des 14. Jahrhunderts wird man in so manchen Dörfern der Axarquía fündig. So in Benamocarra, nur zwei Kilometer von Vélez entfernt, dessen Name aus dem Arabischen stammt: Banu Mukarram, die Söhne Mukarrams. Hier wie in Benamargosa halten verwinkelte Gassen die Erinnerung an maurische Zeiten wach. Eindrucksvoll auf einer Bergspitze gelegen ist Comares mit seinen steilen und engen Gassen einen Abstecher wert. Auch hier stammt der Name aus dem Arabischen, hisn Qumarish, Burg in den Höhen. Doch auch weiter östlich, in der Gegend vom Competa, lassen sich Erinnerungen an das arabisch geprägte Spanien aufspüren. So z. B. in Archez, ein paar Kilometer vom Competa entfernt, wo neben der Kirche ein Minarett im Stil der Almohaden erhalten blieb. Oder in Arenas, in dessen Nähe man die Ruinen des maurischen Castillo de Bentomiz erreicht.

Bei Granada liegen einige urwüchsige Gerbirgsregionen – wie die Sierra Nevada, deren Gipfel von Granada aus zu sehen sind.

Uns zieht es weiter auf den Spuren des Ibn Battuta. Über den Boquete de Zafarraya, einen Felsdurchbruch zwischen eindrucksvollen Steilwänden, führt der Weg nach Alhama de Granada. Wie ein Adlerhorst erstreckt sich der Ort auf einem mächtigen Felsen in 850 Meter Höhe. Im Zentrum, dem ehemaligen Araberviertel tritt der maurische Charakter noch am deutlichsten hervor. Der arabische Name des Ortes, al-Hammam, die Bäder, verweist auf die einstige Hauptattraktion von Alhama de Granada, die heute zwei Kilometer außerhalb gelegenen Bäder. Bereits die Römer nutzten hier die Heilkraft der heißen Quellen und Schwefelbäder. Reste des maurischen Badehauses sind im Hotel Balneario erhalten geblieben, in der Nähe ein öffentlicher Swimmingpool mit heißem Wasser. Ibn Battuta vermerkte dazu: »Wir reisten von Vélez nach Alhama, ein kleiner, gut erbauter Ort mit einer Moschee in ausgezeichneter Lage. Am Ufer seines Flusses entspringt, etwa zwei Kilometer vom Dorf entfernt, eine heiße Quelle. Dort sieht man ein Badehaus für die Männer und ein anderes für die Frauen.«

Nach Überquerung des Rio Cacín erreichte Ibn Battuta zwölf Kilometer vor Granada La Malahá, das ebenfalls bereits von den Römern als Heilbad genutzt wurde. Die Araber gaben dem Ort später den Namen al malaha, die Salinen, denn sie unterhielten hier ein verzweigtes Bewässerungssystem und hatten Salinen zur Salzgewinnung angelegt. In Las Gabias, einem bereits von Phöniziern und Römern bewohnten Ort, blieb der Anfang des 14. Jahrhunderts errichtete, von Verteidigungsanlagen umgebene Festungsturm erhalten.

Über Churriana de la Vega, wo das historische Treffen der Mauren mit den Christen stattfand, um die Kapitulationsbedingungen auszuhandeln, erreichen wir schließlich Granada. Ibn Battuta schrieb: »Dann zog ich weiter nach Granada, der Hauptstadt Andalusiens und der Stolz seiner Städte. Ihr Umland ist mit nichts in der Welt zu vergleichen; es erstreckt sich über 40 Meilen, durchflossen vom berühmten Genil und zahlreichen weiteren Flüssen. Paradiesische Gärten, Wiesen und Felder, Burgen und Weinberge umgeben Granada überall.«

Service und Sprachführer

Persönlichkeiten der spanischen Herrscherhäuser sind diese Sherryfässer in der Bodega Gonzáles Byass gewidmet.

Anreise

Mit dem Flugzeug
Das Gros der Urlauber steuert Andalusien per Charterflug nach Málaga oder Almería an. Während der Somermonate werden auch Flüge nach Jerez de la Frontera angeboten. Mit Linienflügen der staatlichen Fluggesellschaft Iberia können via Madrid oder Barcelona auch die Flughäfen von Sevilla und Granada angeflogen werden, zum Teil werden günstige Spartarife angeboten.

Mit dem Auto
Für die Anreise mit dem Auto stehen zwei Alternativstrecken zur Auswahl, für die beide ein ähnlicher Zeitaufwand veranschlagt werden muss. Man erreicht Andalusien entweder via Madrid und die N IV oder fährt auf der Küstenautobahn über Barcelona und Murcia.

Auskunft

In allen größeren und zahlreichen kleineren Orten Andalusiens finden Sie so genannte Oficinas de Turismo, in denen Sie mit Informationen, Karten und Broschüren, zum Teil gegen Gebühr, versorgt werden. Die Öffnungszeiten variieren von Ort zu Ort. Wenn Sie noch vor Ihrer Reise Auskünfte einholen möchten, wenden Sie sich an folgende spanische Fremdenverkehrsämter:

In Deutschland
Spanisches Fremdenverkehrsamt
- Kurfürstenstr. 180; D-10707 Berlin; Tel. 0 30/8 82 65 43, Fax 8 82 66 61
- Grafenbergerallee 100; D-40237 Düsseldorf; Tel. 02 11/6 80 39 80, Fax 6 80 39 85
- Myliusstr. 14; 60323 Frankfurt am Main; Tel. 0 69/72 50 33, Fax 72 53 13
- Schubertstr. 10; 80051 München; Tel. 0 89/5 38 90 75, Fax 5 32 86 80

In Österreich
Walfischgasse 8/14; A-1010 Wien; Tel. 01/5 12 95 80, Fax 5 12 95 81

In der Schweiz
- 15, Rue Ami-Levrier; CH-1201 Genf; Tel. 0 22/7 31 11 33, Fax 7 31 13 66

- Seefeldstr. 19; CH-8008 Zürich; Tel. 01/2 52 79 30, Fax 2 52 62 04

Diplomatische Vertretungen

Die Konsulate sind wochentags von 9 bis 13 Uhr erreichbar.

Deutsches Generalkonsulat
südlich ■ c 6
Avenida de la Palmerra 19–22; 41013 Sevilla; Tel. 9 54/23 02 04

Österreichisches Honorarkonsulat ■ b 3
Marqués de Parades 26; 41001 Sevilla; Tel. 9 54/22 21 62

Schweizer Konsulat
San Lorenzo 4; 29005 Málaga; Tel. 9 52/21 72 66

Feiertage

1. Jan. (Neujahr); 6. Jan. (Dreikönigstag); 28. Februar (Andalusientag); Gründonnerstag und Karfreitag in der Karwoche, der Ostermontag ist ein Arbeitstag; 1. Mai (Tag der Arbeit), Corpus Christi/Fronleichnam; 15. Aug. (Mariä Himmelfahrt); 12. Okt. (Jahrestag der Entdeckung Amerikas), 1. Nov. (Allerheiligen), 6. Dez. (Verfassungstag); 8. Dez. (Unbefleckte Empfängnis); 25. Dez. (Weihnachten).

Fotografieren

Decken Sie sich nach Möglichkeit noch vor Reiseantritt mit ausreichendem Filmmaterial ein, denn vor allem Diafilme sind in Spanien sehr teuer. In zahlreichen Kirchen und Museen ist das Verwenden eines Blitzlichts untersagt. Nutzen Sie das Licht des frühen Vormittags oder des späten Nachmittags.

Geld

Banken haben in der Regel werktags von 8.30 bis 14 Uhr geöffnet, von Sept. bis April auch samstags bis 13 Uhr. Am einfachsten ist das Abheben von Geld an den Geldautomaten, die EC-Karten und die gängigen Kreditkarten akzeptieren und an fast allen Orten zu finden sind. In allen Touristenzentren werden auch Reiseschecks angenommen, nicht jedoch Euroschecks.

Internet

Allgemeine Informationen über Spanien und Andalusien erhalten Sie unter www.red2000.com.

Kleidung

Die Hitze des Sommers macht leiche Baumwollkleidung empfehlenswert. Wer im Frühjahr und Herbst unterwegs ist oder in die Berge aufbrechen möchte, der sollte das eine oder andere warme Kleidungsstück nicht vergessen, auch Regenjacke und feste Schuhe gehören in das Reisegepäck. Spanier legen im Allgemeinen wert auf ein gepflegtes Äußeres. Achten Sie daher beim Besuch von Restaurants und Bars auf korrekte Kleidung.

Nebenkosten (in Euro)	
1 Tasse Kaffee	ab 0,70
0,5 l Bier	ab 0,70
1 Cola	ab 1,30
1 Brot (ca. 500g)	0,50
1 Schachtel Zigaretten	2,00
1 Liter Benzin	0,90
Mietwagen/Tag	ab 30,00

Stand: Oktober 2001

Medizinische Versorgung

Die ärztliche Versorgung ist in Andalusien im Allgemeinen gut. Im Bedarfsfall wende man sich an ein Krankenhaus oder an ein örtliches medizinisches Zentrum. Zu empfehlen ist der Abschluss einer Auslandskrankenversicherung im Heimtland oder die Mitnahme des Auslandskrankenscheines, den Sie bei Ihrer Krankenkasse erhalten.

Apotheken erkennen Sie an einem grünen Kreuz auf weißem Grund, zum Teil sind hier auch Medikamente erhältlich, die in Deutschland, Österreich und der Schweiz nur nach Vorlage eines Rezeptes verkauft werden. Über Nacht- und Sonntagsdienste informieren Aushänge an jeder Apotheke.

Notruf

Nationale Polizei Tel. 091
Lokale Polizei Tel. 092
Ambulanz Tel. 061
Für die Zukunft ist geplant, landesweit die einheitliche Notrufnummer 112 einzuführen, der Zeitpunkt ist allerdings noch offen.

Post

Postämter sind in der Regel Mo–Fr 8.30–20.30 und Sa 8.30 bis 13 Uhr geöffnet, kleinere Postämter schließen während der Siesta. Briefmarken, »sellos«, erhält man auch in vielen Tabakgeschäften.

Reisedokumente

Deutsche, Österreicher und Schweizer können mit einem gültigen Personalausweis oder Reisepass einreisen. Kinder bis zu 16 Jahren sollten im Pass der Eltern eingetragen sein oder einen Kinderausweis besitzen.

Reisewetter

Während der Monate Juli und August herrscht in Andalusien ein extrem heißes und trockenes Klima, die Temperaturen steigen teilweise über 40 Grad Celsius. Besonders empfehlenswert als Reisezeit sind April bis Juni, wenn die Sonne noch nicht ganz so hoch steht und sich die Natur noch in voller Pracht zeigt, sowie die Monate September und Oktober. Die Badesaison reicht von April bis Oktober, wer nicht allzu kälteempfindlich ist, kann das ganze Jahr über im Mittelmeer baden. Auch im Winter herrschen vor allem an der Mittelmeerküste angenehme Temperaturen.

Souvenir

Die Auswahl vor allem an hochwertigem Kunsthandwerk, das in Andalusien auf eine lange Tradition zurückblicken kann, ist groß. Sie reicht von Töpferwaren und Erzeugnissen der Webkunst (Wolldecken aus Grazalema), über Schmuck, Leder- und Korbwaren bis hin zu den edlen Stücken der Gitarrenbauer Sevillas, Córdobas oder Almerías. Beliebte Mitbringsel sind auch Sherry, andalusische Wurstwaren oder die in vielen Klöstern hergestellten Süßigkeiten.

Telefon

Fast überall haben sich Telefonzellen mit Telefonkarten durchgesetzt, die in Tabakgeschäften und bei der Post erhältlich sind. Wochentags telefonieren Sie ab 22 Uhr zu reduzierten Tarifen, samstags ab 14 Uhr und sonntags ganztägig.

Für Anrufe im Heimatland wählen Sie die Landeskennzahl und anschließend die Ortsvorwahl ohne die Null.
Andalusien → D 00 49
Andalusien → A 00 43
Andalusien → CH 00 41

Für Anrufe nach Andalusien wählen Sie die Landeskennzahl und dann die Rufnummer mit Ortsvorwahl.
D, A, CH → Andalusien 00 34

Zeit

Wie bei uns gilt in Andalusien die Mitteleuropäische Zeit (MEZ) und damit auch die übliche Umstellung von Sommer- auf Winterzeit und umgekehrt.

Zoll

Waren zum persönlichen Gebrauch dürfen innerhalb der EU unbegrenzt mitgeführt werden. Für Schweizer sowie für den Duty-free-Einkauf gelten weiterhin Beschränkungen: 2 Liter Wein oder 1 Liter Spirituosen, 200 Zigaretten oder 50 Zigarren, 50 Gramm Parfüm oder 0,25 Liter Eau de Toilette.

Die genauen Klimadaten von **Almería**

	Januar	Februar	März	April	Mai	Juni	Juli	August	September	Oktober	November	Dezember
Durchschnittl. Temp. in °C – Tag	15,6	16,1	17,8	19,8	22,0	25,7	28,5	29,9	27,1	22,9	19,2	16,6
Durchschnittl. Temp. in °C – Nacht	8,0	8,5	10,5	12,5	14,9	18,3	20,9	21,6	19,9	15,8	12	9,2
Sonnenstunden pro Tag	5,6	6,4	6,9	7,9	9,9	10,5	11,3	10,6	8,5	7,2	6,1	5,7
Regentage	6	4	5	5	3	1	1	1	3	5	4	5
Wassertemp. in °C	14	14	14	15	17	19	22	23	22	20	17	15

Quelle: Deutscher Wetterdienst, Offenbach

Sprachführer

Aussprache

c	vor dunklen Vokalen wie k (como), vor hellen Vokalen wie engl. th (gracias)
ch	wie tsch (ocho)
h	wird nicht gesprochen
j	wie ch (jueves)
ll	wie j (calle)
ñ	wie nj (mañana)
qu	wie k (quisiera)
s	wie ss (casa), am Wortende verschluckt
y	wie j (hoy)
z	wie engl. th (diez)

Wichtige Wörter und Ausdrücke

ja	*si*
nein	*no*
bitte	*por favor*
danke	*gracias*
Wie bitte?	*como?*
Ich verstehe nicht	*no entiendo*
Entschuldigung	*perdón*
Guten Morgen	*buenos días*
Guten Tag	*buenas tardes*
Guten Abend	*buenas noches*
Auf Wiedersehen	*adiós*
Hallo	*hola*
Ich heiße ...	*Me llamo ...*
Ich komme aus ...	*Yo soy de ...*
Wie geht's?	*Que tal, como está?*
Danke, gut	*Bien, gracias*
wie viel	*cuanto*
wann	*cuándo*
Sprechen Sie Deutsch?	*Habla alemán?*
heute	*hoy*
morgen	*mañana*

Zahlen

eins	*uno*
zwei	*dos*
drei	*tres*
vier	*cuatro*
fünf	*cinco*
sechs	*seis*
sieben	*siete*
acht	*ocho*
neun	*nueve*
zehn	*diez*
hundert	*cien*
tausend	*mil*

Wochentage

Montag	*lunes*
Dienstag	*martes*
Mittwoch	*miércoles*
Donnerstag	*jueves*
Freitag	*viernes*
Samstag	*sábado*
Sonntag	*domingo*

Mit und ohne Auto unterwegs

Wie weit ist es nach ...?	*Cuanto tiempo dura el viaje hasta ...?*
Wie kommt man nach ...?	*Por dónde se va a ...?*
Wo ist ...?	*Dónde està ...?*
– die nächste Werkstatt	*el proximo taller*
– der Bahnhof/ Busbahnhof	*la estación de carroferriles/el terminal de buses*
– die nächste U-Bahn/ Bus-Station	*la próxima estación de metro/parada de autobuses*
– der Flughafen	*el aeropuerto*
– die Touristeninformation	*la información turística*

– die nächste Bank	*el próximo banco*
– die nächste Tankstelle	*la próxima gasolinera*
Wo finde ich einen Arzt/eine Apotheke?	*Dónde encuentro un doctor/una farmacia?*
Bitte volltanken!	*lleno, por favor!*
Normalbenzin	*regular*
Super	*superior*
Diesel	*diesel*
bleifrei	*sin plomo*
rechts	*a la derecha*
links	*a la izquierda*
geradeaus	*derecho*
Ich möchte ein Auto/Fahrrad mieten	*Quiero alquilar un coche/una bicicleta*
Wir hatten einen Unfall	*Tuvimos un accidente*
Ich habe eine Panne	*Tengo una avería*
Eine Fahrkarte nach ..., bitte!	*Quisiera un pasaje a ..., por favor!*

Hotel

Ich suche ein Hotel	*Busco un hotel*
Ich möchte ein Zimmer	*Tiene usted una habitación*
Haben Sie noch Zimmer frei?	*Hay habitaciones libros?*
– für eine Nacht	*para una noche*
– für eine Woche	*para una semana*
Ich habe ein Zimmer reserviert	*Reservé una habitación*
Kann ich das Zimmer sehen?	*Es possible ver la habitación?*
Wie viel kostet das Zimmer?	*Cuánto vale la habitación?*
– mit Frühstück	*desayuno incluido*
– mit Halbpension	*con desayuno y cena*
Kann ich mit Kreditkarte zahlen?	*Puedo pagar con tarjeta de credito?*

Restaurant

(→ Essdolmetscher, S. 42)

Die Speisekarte bitte!	*El menú, por favor*
Die Rechnung bitte!	*La cuenta, por favor*
Wo finde ich die Toiletten?	*Dónde está el baño/el servicio?*
Kellner	*salonero/salonera*

Einkaufen

Wo gibt es ...?	*Dónde hay ...?*
Ich möchte ...	*Quisiera .../Desearía .../Me gustaría ...*
Haben Sie ...?	*Hay ...?*
Wie viel kostet das?	*Cuánto vale esto?*
Das ist zu teuer	*Es demasiado caro*
Ich nehme es	*Me lo llevo*
Geben Sie mir bitte 100 Gramm/ein Kilo ...!	*Por favor deme cien gramo/un kilo de ...*
geöffnet	*abierto*
geschlossen	*cerrado*
Bäckerei	*panadería*
Markt	*mercado*
Metzgerei	*carnecería*
Lebensmittelgeschäft	*almacen (negocio de alimentos)*
Briefmarke für einen Brief/eine Postkarte nach	*estampilla para una carta postal/una tarjeta postal a ...*

Alfiz *viereckiges Gefüge, das ein Portal oder einen Bogen rahmt; typisches maurisches Element, das auch in vielen mudéjaren Bauwerken zu finden ist.*

Amphitheater *(gr.) Theater mit ringsum geschlossenen Sitzreihen und ovaler Arena.*

Arabeske *Ornament aus Blatt- und Rankenwerk, in das häufig figürliche Darstellungen eingebunden werden.*

Azulejos *farbig gemusterte Wandfliesen; im 14. Jahrhundert durch die Mauren in Spanien eingeführt.*

Basilika *römisch-antiker öffentlicher Bau mit drei oder mehreren durch Säulen- oder Pfeilerstellungen getrennten Schiffen, wobei das Mittelschiff höher ist als die anschließenden Seitenschiffe und durch Ober- bzw. Lichtgaden beleuchtet wird, mit halbrunder Apsis; diente Marktzwecken oder Rechtsprechung; in frühchristlicher Zeit von den Christen als Kultraum übernommen.*

Bergfried *hoher, wehrhafter Turm innerhalb der Ringmauer einer Festungsanlage.*

Bogenformen

Bogenformen *die meisten Bogenformen haben sich aus der Kreisform entwickelt; typisch für die Baukunst Andalusiens sind Halbkreisbogen, Hufeisenbogen, Dreipassbogen.*

Bündelpfeiler *um einen Pfeilerkern gelagerte Gruppe von Dreiviertelsäulen.*

Chorumgang *um den Chor gelegter Gang, der durch Weiterführung der Seitenschiffe entsteht.*

Dolmen *meist aus vier Stützsteinen und einem Deckstein bestehender vorgeschichtlicher Grabbau; wohl einst von einem Erdhügel überwölbt.*

Isabellinischer Stil *auch Stil der Katholischen Könige genannte Epoche der Architektur, die von etwa 1480 bis 1530 dauerte. Sie vereinigt konstruktive Grundelemente der spätgotischen Baukunst des Nordens – Kreuzgewölbe, Strebepfeiler, -bogen – mit üppigem Dekor und dem handwerklichen Können der Mauren. Entsprechend muslimischer Tradition werden geometrische Muster bevorzugt.*

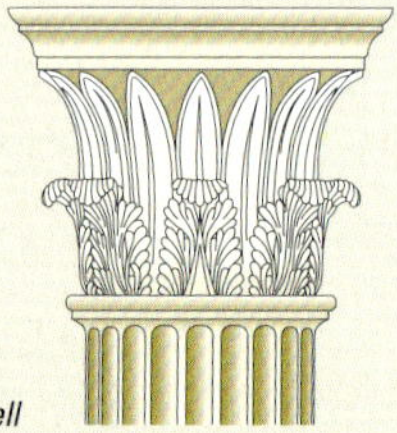

Kapitell

Kapitell *ausladendes Kopfstück eines Pilasters oder einer Säule, die klassischen Kapitellformen sind das korinthische, ionische und dorische Kapitell.*

Karyatide *Mädchengestalt, die an Stelle einer Säule oder eines Pfeilers das Gebälk trägt.*

Krypta *Grabraum eines Märtyrers oder weltlichen Würdenträgers unter dem Ostchor einer Kirche.*

Kufische Schrift in den frühesten Koranhandschriften gebrauchter kalligraphischer Schriftzug, der sich durch gerade, eckige Strichführung und das Fehlen differenzierender Punkte auszeichnet.

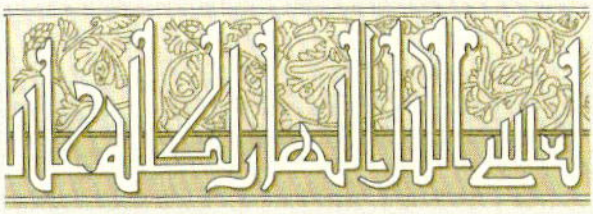

Kufische Schrift

Maureske Flächenornament der islamischen Kunst mit stilisierten floralen Motiven.

Manuelinischer Stil nach dem portugiesischen König Manuel dem Glücklichen (1495–1521) benannte Stilrichtung, die auch jenseits der Grenze, im Westen Spaniens, aufgenommen wird; zeichnet sich durch architektonisches Können und wuchernden Bauschmuck mit weit in die Tiefe und in den Raum greifendem Dekor aus.

Mihrab Gebetsnische in der → Qibla, hier konzentriert sich der ornamentale Schmuck der Moschee.

Minarett Turm der Moschee, von dem aus der Muezzin zum Gebet ruft; Minarettbauten der Mauren übten starken Einfluss auf die Gestaltung der Glockentürme des Mudéjar-Stils aus.

Mudéjar-Stil in der mittelalterlichen Baukunst Spaniens auftretender Stil, in dem maurische Formen und Techniken mit gotischen Stilelementen verschmelzen; wurde vor allem von maurischen Bauhandwerkern ausgeführt, die in den von den Christen eroberten Gebieten lebten.

Muqarna kleinteiliges Schmuckmotiv der islamischen Baukunst; verbindet untereinander verklammerte Nischenformen mit herabhängenden Zapfen, was ihm auch die Bezeichnung Stalaktiten eingetragen hat; gern zur Füllung von → Pendentifs verwendet.

Pendentif Konstruktion in Form eines sphärischen Dreiecks, das den Übergang von einem quadratischen oder mehreckigen Grundriss in die Rundung einer Kuppel ermöglicht.

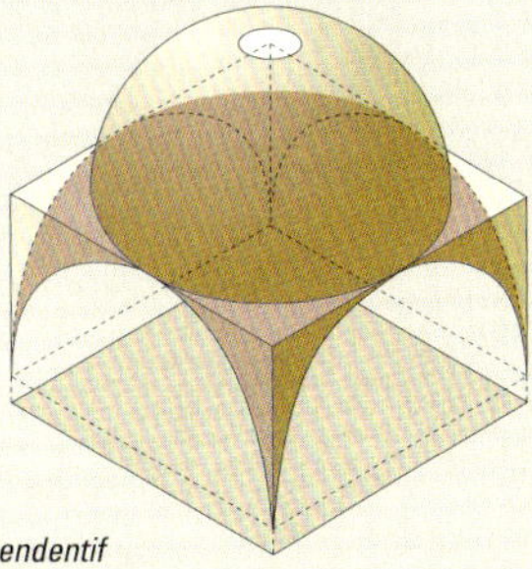

Pendentif

Plataresker Stil Ende des 15. Jahrhunderts in Spanien auftretender Stil zur Ausschmückung von Fassaden mit kleinteiligen Dekorationselementen.

Qibla Wand der Moschee, die die Gebetsrichtung nach Mekka zeigt; in ihr befindet sich der → Mihrab.

Spolien einem abgebrochenen Gebäude entnommene und wiederverwendete Bauteile.

Stalaktiten → Muqarna

Strebebogen brückenartige Verstrebung zwischen der Hochschiffwand und den Strebepfeilern einer Basilika.

Strebepfeiler senkrecht zur Außenwand aufragende Mauerzunge, die den Strebebogen aufnimmt.

Hier finden Sie alphabetisch aufgeführt alle in diesem Band beschriebenen Orte und Ziele, Routen und Touren Außerdem enthält das Register wichtige Stichworte sowie alle MERIAN-Tipps und Themen dieses Reiseführers. Wird ein Begriff mehrfach aufgeführt, verweist die **fett** gedruckte Zahl auf die Hauptnennung im Band.

(H) = Hotel
M = MERIAN-Tipp

A

B

C

D

E

F

O

P

R

S

T

U

V

Z